# Jesús

## EN EL

# SIGLO 21

# Jesús EN EL SIGLO 21

## MAGDIEL NARVÁEZ

CASA
CREACIÓN
*Para vivir la Palabra*

# Para vivir la Palabra

MANTENGAN LOS OJOS ABIERTOS,
AFÉRRENSE A SUS CONVICCIONES,
ENTRÉGUENSE POR COMPLETO,
PERMANEZCAN FIRMES,
Y AMEN TODO EL TIEMPO.
—1 Corintios 16:13-14 (Biblia El Mensaje)

*Jesús en el siglo 21* por Magdiel Narváez
Publicado por Casa Creación
Miami, Florida
www.casacreacion.com
©2023 Derechos reservados

Library of Congress Control Number: 2017944990
ISBN: 978-1-62999-365-2
E-Book ISBN: 978-1-62999-366-9

Desarrollo editorial: *Grupo Nivel Uno, Inc.*
Adaptación de diseño interior y portada: *Grupo Nivel Uno, Inc.*

**Nota de la editorial**: Aunque el autor hizo todo lo posible por proveer teléfonos y páginas de internet correctos al momento de la publicación de este libro, ni la editorial ni el autor se responsabilizan por errores o cambios que puedan surgir luego de haberse publicado.

Impreso en Colombia

24 25 26 27 28 LBS 9 8 7 6 5 4 3 2 1

*Dedico esta obra con mucho amor a mi amada esposa
Zahira: muchos no saben lo valiosa que eres.
Tampoco conocen lo que hiciste por mí en un
tiempo cuando todo parecía perdido.
Sin embargo, Dios te puso en mi camino
y tu vida me bendijo. Te amo.*

# CONTENIDO

# PREFACIO

U N ESCRITO RESPONSABLE no se produce en el vacío, siempre responde a un reclamo social. Se origina sin importar quién es el autor, dónde se escribe, o a quién va dirigido. La realidad es que la importancia del escrito radica en las contestaciones a dos preguntas esenciales: *¿A qué responde? y ¿Cómo responde?* Esto requiere que el autor conozca las inquietudes mentales de las personas que conforman su contexto social para poder atenderlas adecuadamente.

También es responsabilidad del autor conocer el tiempo que le ha tocado vivir, y con él los desafíos que debe enfrentar, pues es ese tiempo el que determina la controversia o el conflicto que requiere ser atendido mediante un escrito que responda de manera responsable. Conocer el tiempo contextual implica poder determinar las luchas externas que crean las crisis internas en la mente humana. Esto incluye el arte y la habilidad que se requieren para mantener la mente objetiva. A la misma vez, permite ubicarse en tiempo y espacio para ofrecer un pensamiento teológico que se ocupe de los sinsabores de la vida. Un autor tiene en sus manos la oportunidad de saciar dudas, ofrecer alternativas y atender interrogantes. Es por esto que un escrito no surge en el vacío, sino que responde a un contexto.

Nuestro tiempo se distingue por varias características que atentan contra la sensibilidad humana y, a consecuencia de ello, contra Dios. Una de ellas es la ambición de algunos por adquirir mayor conocimiento con la intención de utilizar la historia y sus descubrimientos a fin de desmantelar los pilares de la fe cristiana. Tales personas piensan que nuestro mundo necesita menos fe y más soberbia fundamentada en el conocimiento para progresar. Durante este siglo, la mentalidad humana se encuentra en un debate continuo con el objeto de mantener los postulados de una base religiosa que en su origen propició la paz y la armonía. En el pasado, las bases religiosas promovían la armonía general en la mayoría de los ambientes sociales distanciados de los poderes políticos. Esto tenía el efecto de proveer seguridad y estabilidad en las estructuras sociales básicas, como la familia. Con el pasar de los años, esa base fue destruyéndose con los cambios sociales y los movimientos comerciales, los cuales permitieron la entrada del relativismo.

Así que el debate surge cuando las bases religiosas del pasado se enfrentan con las nuevas mentalidades apoyadas por el relativismo. Este debate se intensifica con la ayuda de los adelantos tecnológicos y el libre acceso a la información. De esa manera, el conocimiento que no admitía preguntas, hoy se enfrenta a desafíos intelectuales en búsqueda de nuevas vertientes mentales. Una de las fuentes que apoya esta forma de pensar relativa está conformada por los supuestos filosóficos que son producto de mentes intelectuales que siembran la duda. La semilla que aportan a la mente humana deja la verdad en ese suspenso donde la creatividad encuentra la oportunidad. Las acciones de estos grupos tienen como objetivo hacernos pensar que para ser más intelectual hay que dudar de todo y sustituir lo que creemos en vez de defenderlo.

¿Qué hacen? El resultado de sus esfuerzos es producir pensamientos insensibles que no puedan apreciar la realidad del mundo y la esencia del ser humano, lo cual causa que la armonía con Dios por medio de la fe y el conocimiento se altere.

Este libro no pretende aclarar las dudas de quien no quiere creer. Más bien, busca fortalecer la fe de aquellos que están en medio de tormentas feroces que atentan contra lo que hasta hoy les ha brindado una mejor calidad de vida. Constituye una obra sencilla que responde a planteamientos de nuestros tiempos. Es una voz que quiere aportar esa información que ha sido ocultada o manipulada, con la intención de hacer creer que no existe base racional para nuestra fe.

A fin de cumplir con su misión, el autor se ha valido de tres fuentes principales de información. Primero, la evidencia histórica disponible, útil para aclarar o esclarecer situaciones controversiales. En segundo lugar, una fuente de información conocida como la tradición cristiana, la cual abarca un compendio de comentarios, mitos, leyendas y expresiones que han sido transmitidos por generaciones mediante escritos y relatos. Dicha fuente, combinada con otros documentos, nos da la oportunidad de presentar una información confiable que complementa la evidencia. Finalmente, la Biblia como el texto religioso dueño absoluto del escenario de nuestro personaje objeto de investigación, Jesús. La utilizamos porque es una fuente conocida y aceptada para determinar las circunstancias y el momento en el que ocurrieron los hechos. Además, al considerar algunos de sus relatos y narrativas, tendremos la oportunidad de añadir datos históricos que aumentan la veracidad del texto.

Lo invito a que considere este libro como una fuente de ayuda para conocer mejor a Jesús de Nazaret, su vida y su obra, su mensaje y su aportación al mundo dos mil años después de haber caminado por esta tierra. Espero que pueda entender y conocer a Jesús *más allá de la fe*.

# INTRODUCCIÓN

E L MUNDO SOCIAL de una persona es vital para su desarrollo y el cumplimiento de su misión. Sin el conocimiento de ese contexto social estamos a merced de interpretaciones incompletas que nos llevarían a imaginar sucesos que ya existen en páginas reveladoras. El personaje de Jesús, su vida y su obra pertenecen a un mundo social. En realidad, a uno bien complejo por demás. Así que resulta de suma importancia conocer ese mundo antes de hablar de Él. En estas primeras páginas describiremos algo del mundo en que Jesús vivió a fin de entenderlo mejor en su propio contexto. Haría falta una obra adicional para entender ese mundo por completo, de modo que aquí solo encontrará notas necesarias conforme al propósito por el cual se escribe este libro.

El contexto social de Jesús era uno particular. En él incidieron muchos factores determinantes para el desarrollo de cualquier ser humano en ese tiempo. La próxima cita nos ofrece cierto panorama de la situación especial de dicha época. Con ella iniciamos un ciclo de información que nos permitirá adentrarnos un poco más en el mundo social de Jesús.

> Cuando nació Jesús en Belén de Judea en tiempos del rey Herodes (Mateo 2:1), nació en un reino judío gobernado por un rey idumeo con nombre griego, puesto y patrocinado por los romanos. Jesús creció en Galilea, cerca de ciudades griegas en las que el griego se usaba tan comúnmente como el arameo nativo. Y cuando, después de su muerte en Jerusalén, sus discípulos contaron a otros su historia, hablaban y escribían principalmente en griego por los romanos. (Stambaugh y Balch, *El Nuevo Testamento en su entorno social.*)

El ministerio de Jesús cobró vigencia a la edad de treinta años y duró tres años más.

Con esta cita le presentamos al lector un detalle importante de la complejidad del contexto social en el tiempo de Jesús. Al describir un contexto social en particular, debemos incluir los poderes políticos, legales y religiosos. Todos ellos son pertinentes al que nos ocupa y serán mencionados en los capítulos siguientes. En esta parte esbozaremos un cuadro de la sociedad del siglo I; identificaremos los grupos sociales y movimientos de mayor impacto; reseñaremos asuntos que estuvieron directamente relacionados con Jesús, específicamente aquellos como la familia y la salud. Asimismo, es necesario presentar algunas consideraciones de carácter económico. Un conocimiento más cabal de todos estos factores nos permitirá acercarnos mucho mejor al mundo real de Jesús.

Cuando nos referimos al contexto social de Jesús, no estamos haciendo referencia específica al contexto social de los textos bíblicos, ya que en ocasiones estos dos no coinciden por diversas razones, y presentaré algunos ejemplos. El ministerio de Jesús cobró vigencia a la edad de treinta años y duró tres años más. Por lo tanto, es razonable entender que no era necesario escribir acerca de sus años previos como si se tratara de una biografía. No hay razón para escribir la historia de un desconocido cuyo impacto no se conoce todavía. Es cierto que existe literatura apócrifa que hace alusión a los años de infancia de Jesús, pero su autenticidad es objeto de intensos debates entre los eruditos. Como consecuencia,

> **El mayor impacto del ministerio de Jesús fue posterior a su resurrección, momento en el cual muchas personas pudieron sentirse persuadidas por su mensaje.**

no es una fuente primaria para conocer sobre los primeros años de Jesús.

El mayor impacto del ministerio de Jesús fue posterior a su resurrección, momento en el cual muchas personas pudieron sentirse persuadidas por su mensaje. Este hecho nos lleva a concluir que la historia de Jesús se escribió tarde, y que no fue redactándose en una narrativa secuencial a medida que los acontecimientos iban sucediendo. Un ejemplo clásico de esta teoría son las narrativas del nacimiento de Jesús en los Evangelios de Lucas y Mateo. Cuando Jesús se convierte en la figura prominente de su tiempo, ya han pasado varios años sin que se pueda recopilar la evidencia sustancial necesaria para formar un cuadro real de su vida completa, así que las historias con relación a su nacimiento son las últimas en redactarse. Quizás esa sea la razón de tantas diferencias entre ellos y otros autores. Los mejores ejemplos son Juan y Marcos, quienes se reportan ausentes en lo que respecta a relatar algo sobre ese suceso. Marcos no informa nada. Juan comienza su evangelio con la narración dedicada al origen del Verbo y la preexistencia de Jesús.

Los autores bíblicos complementan los espacios o lagunas de la vida de Jesús con elementos sustanciales que responden a asuntos de sus contextos directos. Un ejemplo de esta situación es la cantidad de elementos tradicionales en la historia del nacimiento de Jesús. Resulta razonable pensar que los redactores de los Evangelios han mezclado asuntos que pertenecen a la tradición oral acerca de Jesús con asuntos pertenecientes a su contexto social. Otro ejemplo de contexto se encuentra en el conocimiento geográfico de los Evangelios. Una de las diferencias entre ellos es el concepto del Mar de Galilea. Para Mateo y Marcos es un mar. Sin embargo, Lucas lo reconoce como lo que es: el Lago de Genezaret. Este detalle nos ilustra la mentalidad de cada autor.

Un segundo elemento a tener en cuenta al considerar las diferencias entre los contextos es el trasfondo teológico del escritor o redactor bíblico. El concepto que tiene cada redactor sobre la persona de Jesús varía considerablemente, incluyendo sus títulos y los nombres que se le atribuyen. Sin embargo, Jesús en su contexto real pudo ser identificado por la opinión pública como un zelote, un profeta, un galileo carismático o un revolucionario. Mientras que el autor de cada Evangelio lo designa como el Hijo de Dios, el Hijo del Hombre o con cualquier otro título que tenga mayores implicaciones teológicas. Podemos seguir haciendo referencias a otros ejemplos de situaciones, pero no queremos distanciarnos de nuestro propósito original. Es recomendable que el lector consulte obras que estén relacionadas con estos temas y se oriente hacia una mejor exégesis que interprete la Escritura bajo una hermenéutica bíblica más adecuada al contexto de la época y al sentido de los textos. En este caso, nuestro interés es que en la mente de cada lector exista una idea razonable con respecto a la distancia entre los contextos, pues el reconocimiento de esa distancia ayuda a interpretar la vida de Jesús con un mejor sentido contextual racional.

Cuando se habla de contexto social en la Palestina del tiempo de Jesús, es obligatorio considerar la influencia griega a través del Mundo Helénico o el Helenismo Griego. El proceso helenizante fue el más importante y de mayor trascendencia en toda la humanidad. Todavía en la actualidad existen cientos de vocablos griegos que se gestaron en aquella época y luego del pasar de los años pertenecen hoy a las lenguas modernas. Nos atrevemos a establecer que Dios tenía un plan cuando se aprovechó de un andamio cultural tan notable y sólido como este.

La expansión del mundo griego a manos de Alejandro Magno convirtió a toda la región de Palestina en un receptor natural de su cultura hasta su muerte en el 323 a. C., cuando sus generales no pudieron mantener la unidad de su imperio. Durante su reino consiguió grandes éxitos e hizo muchas contribuciones de las cuales nuestro mundo todavía disfruta. Esas contribuciones culturales marcaron considerablemente a los pueblos y las naciones sometidas al Imperio griego. Una de las más significativas fue la biblioteca de Alejandría, en Egipto, considerada el centro intelectual del nuevo mundo. Gracias a este centro, el mundo al que pertenecía Palestina recibió dos beneficios adicionales: el lenguaje y las escuelas de pensamiento filosófico.

La biblioteca de Alejandría fortaleció en gran medida al mundo antiguo con el florecimiento intelectual más grande de todos los tiempos. Las matemáticas, las ciencias naturales y la medicina experimentaron un adelanto extraordinario. La aplicación de las mismas a la vida humana resulta evidente en la historia de las civilizaciones.

Además de las ciencias resurgió una enorme actividad literaria. Los escritos aumentaron, así como los géneros: novelas, biografías, aventuras de héroes enfrentándose a miles de obstáculos con finales felices, romances y otros. La literatura cristiana de los siglos posteriores se benefició de este auge literario. Otra aportación significativa fue la *Septuaginta*, la versión del Antiguo Testamento en griego. La traducción en arameo es conocida como *Tárgum*. Existe una gran leyenda sobre su traducción original de la cual recibe el nombre con el que se le reconoce.

> Ptolomeo Filadelfo ordenó a setenta y dos ancianos hebreos que tradujesen el Antiguo Testamento independientemente, y todos ellos produjeron traducciones idénticas entre sí. (Filón de Alejandría, *De Vita Mosis*, citado en *Historia del cristianismo*, Justo González.)

La impresión que ofrece la leyenda permitió poder validar la autoridad de la versión de este texto en el mundo antiguo. Es cierto que las comunidades de la iglesia primitiva se beneficiaron de este documento que les resultó útil para adelantar la misión delegada. Su mayor beneficio fue el hecho de que la iglesia proclamó las profecías del Antiguo Testamento como paradigmas que justificaban la vida y muerte de Jesús. Existen otras formas de literatura que contribuyeron con los escritos de esa época y que fueron marcadamente influenciadas por la cultura griega. Algunas de ellas fueron los aforismos, las parábolas y la argumentación.

El aforismo es un estilo de escrito en el cual el personaje principal en su discurso manifiesta sabiduría mediante una autoridad que proviene de su conocimiento personal. Un ejemplo clásico es cuando Jesús declara las siguientes palabras: «Nadie es profeta en su propia tierra». En dicha frase Él acentúa la dificultad de un profeta en términos de credibilidad, asegurando el hecho con su propio testimonio. Ese estilo de redactar un discurso proverbial es herencia griega. También nos llegan de esa herencia las parábolas. En el caso de Jesús son historias de fenómenos del diario vivir con enseñanzas sobre asuntos relevantes a materias de diferentes contextos. Las parábolas provienen del mundo griego y fueron adoptadas por los hebreos en sus documentos, la *Septuaginta*, la *Mishná* y los escritos cristianos. Finalmente, pero sin ser los únicos recursos literarios heredados, tenemos las formas de argumentación, usadas sobre todo por Saulo de Tarso en las epístolas cristianas.

La lengua del mundo helénico era la *koiné*. Dicho término significa «común» y era el lenguaje utilizado en los negocios y el gobierno. Tal lengua sustituyó a los antiguos dialectos regionales griegos, convirtiéndose de esa forma en

> «Nadie es profeta en su propia tierra».

el vehículo de comunicación del vasto mundo que los griegos habitaban, los cuales habían aprovechado el momento de la conquista para levantar ciudades en todos los lugares posibles. Es por eso que cuando los Evangelios y otros documentos bíblicos hacen referencia a los «gentiles», usualmente se refieren a los griegos que vivían en ciudades griegas dentro de los contornos territoriales judíos.

Es meritorio explicar que en Palestina se hablaba el arameo, que era la lengua del mundo hebreo. El hebreo clásico estaba en desuso y muchos judíos la consideraban lengua muerta, a pesar de que en algunos círculos mantenía su vigencia. Podemos establecer una relación comparativa para evitar confusiones: en el mundo de Jesús se hablaba arameo entre las personas y griego en las gestiones públicas o comerciales.

En cuanto a los galileos y el lenguaje, hay una vertiente cultural que establece la dificultad de estos con la pronunciación de palabras con carga gutural. Estas son palabras que usualmente predominan en el lenguaje semítico. Existe una anécdota en el Talmud que hace referencia a un diálogo entre un galileo y un árabe en el mercado, la cual nos puede ilustrar el conflicto de los galileos con su limitación. El árabe, dueño de un puesto de comercio, insulta al galileo alegando que su problema de pronunciación no le permite entender qué quiere. En este dialecto una diferencia en la pronunciación puede cambiar el significado de la palabra radicalmente. El galileo quería un vaso de agua, pero el árabe pudo entender cuatro cosas diferentes debido al problema establecido. Un ejemplo de esto lo encontramos en Mateo 26:73 y Marcos 14:70, cuando Pedro es interrogado para saber si es seguidor de Jesús. En el argumento de los que le preguntan se encuentra la razón del problema, ya que por ser galileo su acento lo delata.

Consideremos un momento cómo vivía la gente en el tiempo de Jesús. Este es un detalle importante, porque nos ayuda a entender varios discursos con relación al público que es el receptor de dicha palabra. La gran mayoría de los judíos en el tiempo en que Jesús vivió en Galilea, Transjordania y Judea. Residían en pequeñas poblaciones, no en las grandes ciudades de Tiberíades y Jerusalén. Los suelos de las casas estaban hechos de losas de basalto grandes y desiguales con múltiples imperfecciones, en las cuales hubiera sido fácil perder una moneda, como lo señala la parábola en Lucas 15:8. Los bloques de casas se encontraban rodeados de calles o callejuelas. Cada bloque estaba conformado por cuatro apartamentos familiares. En las poblaciones pequeñas había familias que residían en una habitación. La vasta mayoría de los habitantes de las zonas rurales vivían en una línea fina entre el hambre y la miseria. No existía un sistema de agua potable, servicios sanitarios, alcantarillas, pozos sépticos ni salubridad. Imagínese que usted vive en un apartamento con toda su familia y sus vecinos comienzan a lanzar desperdicios a su alrededor. A eso súmele los que viven en la altura de la loma tirando basura, agua utilizada y otros desperdicios. Esta forma de vida generaba problemas de salud, infecciones, epidemias y contaminaciones. De modo que es entendible la presión de ciertos grupos, como los fariseos, para hacer cumplir la ley, la cual incluía reglamentaciones a fin de evitar la contaminación de la comunidad y por ende la muerte. Con estas condiciones con respecto a la vivienda se comprende mejor la vida social. Y añadimos a la lista de factores la situación económica y del empleo.

La economía en el tiempo de Jesús no es difícil de explicar, en realidad en la totalidad de ese contexto la pobreza era evidente. A pesar de que hay evidencia de un movimiento y mercadeo de productos abundante, sabemos también que esa era una ventaja para ciertos grupos, no para el disfrute de toda la sociedad.

Cuando se habla de pobreza es imperativo informar la población aproximada para tener una idea más amplia de las relaciones entre el número de habitantes y la producción *per cápita*. Se estima que para el tiempo de Jesús, en Palestina deberían residir cerca de 2,5 millones de personas, de las cuales cerca de 100.000 vivían en Jerusalén. (Joachim Jeremias, *Jerusalén en tiempos de Jesús*.) De un 2% a un 5% lo integraban los ricos, y de ese número menos de un 2% conformaba la clase gobernante. Por tal razón, la situación social evidencia un desequilibrio en las estructuras sociales: a mayor población y menor distribución de riquezas habrá menos ricos y más pobres. De hecho, los ricos, aunque pocos, eran exageradamente ricos. Estas constituían las dos clases sociales: la alta y la baja, sin clase media. A pesar de que Joachim Jeremías hace referencia a dos tipos de grupos oficiantes de la época que pudieran considerarse como parte de una clase social media, dicho concepto, de la forma como se describe y considerando los elementos sociales en términos poblacionales, no ayuda a sostener la teoría de una clase media. No hay clase media donde los ricos son exageradamente ricos y los pobres viven en la miseria siendo la mayor parte de la población. Hoy serían considerados países tercermundistas, que son la gran mayoría en nuestro planeta.

Debemos considerar varias referencias históricas para entender cómo se vivía en dicho tiempo. A la vez, es importante tratar de identificar las razones para este fenómeno social y sus efectos. El sistema económico estaba estructurado sobre las bases de la producción y el consumo. Debido a que la mayoría de las comunidades eran rurales, y por ende agrarias, la producción estaba por encima del consumo, en especial las ciudades tenían esa orientación. En términos de economía estamos haciendo referencia a los conceptos de demanda y oferta. El efecto de este fenómeno, más producción que demanda, conlleva a un desastre social. Considere que en ese tiempo no existían adelantos tecnológicos como neveras, refrigeradores o almacenes. Por lo tanto, lo que no se vendía o mercadeaba, se perdía o pudría. Cuando se tiene gran cantidad de productos sin consumirse en exceso, sino lo que se necesita, lo demás sobra. Recalcamos que lo más importante de este asunto es el hecho de que las familias tenían que sustentarse primero y luego tratar vender el resto de sus productos.

Otro factor que contribuyó a la pobreza fue la falta de empleos u oficios. Los oficios estaban limitados. Eran el resultado de grandes líneas hereditarias y se estructuraban en clanes. Un oficio conocido por su mención en los Evangelios es el de la carpintería. Lamentablemente, he escuchado a predicadores hacer referencia a este oficio como si se tratara de la ebanistería. Los estudios más recientes sobre los oficios en el siglo I indican que un carpintero en ese tiempo era una persona que se dedicaba a construir viviendas o puertas por unos meses. La otra parte del tiempo la dedicaban a sembrar y a trabajar la tierra. Por tal razón, el mensaje de Jesús con respecto a las construcciones y la siembra está bien cercano a su contexto real, porque de carpintería Él sabe bastante. Esa fue su ocupación antes de desarrollar su ministerio.

Los artesanos formaban un pequeño grupo que se dedicaba a la manufactura de utensilios, vasijas, bloques, ladrillos y otros productos. Estos, a su vez, pertenecían a la clase pobre. La mayor parte de la población trabajaba en obras públicas, como es el caso de la construcción de carreteras y acueductos. Otros tenían obligaciones militares, dedicándose a actividades mayormente de protección en las rutas imperiales. Este es un factor importante que facilitó el comercio y el tráfico seguro, algo que aumentó con las construcciones por parte del Imperio romano. Finalmente debemos indicar que la gente estaba expuesta a que se le obligara a realizar trabajos incidentales.

El comercio se efectuaba en ciertos centros como Jerusalén y Tiberíades. Existía un comercio extranjero y uno que era local, el cual se beneficiaba mayormente en las temporadas de peregrinaje. Los centros estaban compuestos de mercados en los que se cambiaban artículos de todas clases. No eran como los actuales, sino que se encontraban ubicados en áreas donde unos pocos poderosos podían producir en exceso para mercadear sus productos después de satisfacer las necesidades de su hogar. La participación en el comercio dependía de la producción de comestibles, la confección de vestidos y telas, la perfumería (que muchas veces provenía del oriente), la venta de aceites, la artesanía y otros oficios menores. La producción en masa no era posible desde el punto de vista técnico y económico. Obviamente, se requiere de la destreza humana para tener oportunidad de salir a flote en ese mundo complejo.

El mercado era controlado por la clase alta, que tenía el poder adquisitivo para mercadear y hacer negocios. El templo funcionaba como el Banco Nacional de los judíos. En él había un negocio a fin de mercadear los animales que se utilizaban para los sacrificios, de tal forma que las personas no necesitaran cargar con ellos largas distancias, sino que estuvieran accesibles. Esto encarecía el precio de los mismos.

La pobreza también aumentó debido a los impuestos. Hay referencias que explican que las personas, al tener que cumplir con ellos, permutaban sus propiedades para pagar las deudas de los impuestos acumulados. En ocasiones, las perdían por no poder pagarlos. Quizás las palabras de Jesús con respecto a mirar las avecillas de los cielos y los lirios del campo iban dirigidas a ese público que había perdido sus tierras. Debemos ser justos al hablar de impuestos indicando que Herodes, en años de extrema pobreza, perdonó la imposición de los impuestos y solicitó a Roma que redujera la tributación que se había negociado previamente.

En regiones como Galilea resultaban muy comunes las cooperativas pesqueras. Los pescadores eran personas que en su mayoría pertenecían a los mismos grupos familiares. Podemos entender así que algunos de los discípulos llamados en esta región fueran de la misma empresa, como por ejemplo las parejas de hermanos Pedro y Andrés, y Jacobo y Juan. Si la familia no contaba con suficientes miembros para sacar adelante a la empresa, contrataban obreros que los ayudaran con las tareas. De esa forma podían cumplir con sus compromisos económicos. Los pescadores estaban regidos por las leyes y ordenanzas de la élite. Saber esto hace que cobre mayor sentido la preocupación de Pedro de no poder pescar durante toda la noche. Posiblemente tenía compromisos que atender aparte del sustento de la familia. Todo lo que fuera derivado del pescado era tributable. De esos tributos y del producto bruto se servían los gobernantes, tetrarcas y soberanos. Por tal razón, en dichas áreas existía un repudio considerable contra los colectores de contribuciones y los gobernantes.

El trabajo de colectar los impuestos reales le concernía a un grupo llamado los publicanos, con los cuales Jesús participó en varias actividades. Estos no eran muy populares que digamos, pero hacían su dinero a partir de la colección de las contribuciones, ubicándose en áreas estratégicas en los caminos principales. Tenían libros con la contabilidad para llevar el registro de las transacciones realizadas. El pueblo pensaba que cobraban de más y como consecuencia se enriquecían. Esto se puede inferir del texto de Lucas sobre la conversión del publicano Zaqueo, quien ofrece cuatro veces lo que le había robado a cualquier persona. El que está libre de culpa no hace ese tipo de oferta. Y su intención tiene la garantía del libro que lleva, con el cual podría asegurar o confirmar a quién había timado. De otra forma su ofrecimiento sería un riesgo, considerando que la mayor parte del pueblo era pobre y se le abría una puerta para obtener algún beneficio.

Los impuestos cobrados por estos grupos se clasificaban por especie. El *tributum capitis* consistía en el ingreso tributable del dinero por concepto de ingreso de cada hombre entre las edades de 14 a 65 años. Además, el *tributum soli* representaba el tributo que se cobraba sobre el grano que era ¹⁄₁₀, del vino y las cosechas se cobraba ¹⁄₅. Había un tributo llamado annona que se aplicaba por el uso de los puentes y carreteras, como también de todo producto comprado en el pueblo. El *publicum* era el impuesto para sostener al prefecto romano, su corte y toda su servidumbre. Estos actos hacían que el pueblo detestara al sistema de gobierno en el que estaban sumidos. En los Evangelios, Jesús es confrontado con una pregunta sobre el impuesto.

Su contestación se ilustra con un pescado. Obviamente, el contexto representa la crisis de los pescadores a los que Jesús les indica que paguen los impuestos y le den a Dios lo que le corresponde. En un mundo tan miserable, por lo menos los pescadores son bendecidos por Dios, a quien le deben las gracias, mientras que al imperio le deben el impuesto de sus ganancias.

Hemos tenido la oportunidad de darle un vistazo al mundo social de Jesús. Conocemos su idioma, la forma de manifestarse, las características de su auditorio, el precio de vivir en ese mundo, las luchas por sobrevivir, las injusticias gubernamentales, entre otros asuntos. Nos quedaría, para estar en mejor posición a la hora de evaluar su ejecución, considerar aunque sea efímeramente cómo reaccionaban los grupos sociales de la época. Existía un movimiento social de bandidos. El bandidaje social en este tipo de sociedad es una realidad con la que se tiene que vivir. Hay ocasiones en las cuales estos grupos se convierten en los héroes de las clases pobres. Podemos establecer una comparación en lo que respecta a este asunto con algunos líderes de los puntos de distribución de drogas, a los cuales la comunidad convierte en los Robin Hood sociales por los beneficios sustanciales que les brinda. No estamos justificando el trasiego de drogas, pero en ocasiones el mal llega antes que el bien a la hora de suplir necesidades, y ello le otorga un sitial que a veces proclamamos tener sin llevar a cabo las acciones pertinentes. Evaluemos la siguiente cita en la cual se ilustra la realidad del bandidaje social de aquellos tiempos.

> Había también un tal Judas, hijo de Ezequías, el temible jefe de bandidos, que había sido capturado por Herodes después de muchos esfuerzos antes de convertirse en rey. Este Judas reunió una caterva de desesperados en Séforis, Galilea, e incursionó contra el palacio real. Se apoderó de las armas que se hallaban allí, con las cuales armó a los suyos; robó también todo el dinero que encontró, sembrando el terror con sus rapiñas. Aspiraba a mucho más y aun a gobernar, confiado en ganar esta dignidad no por la práctica de la virtud, sino por el exceso de sus injusticias. (Flavio Josefo, *Antigüedades de los judíos.*)

Esta ilustración de esas acciones en contra del orden social nos permite entender cómo responder a las injusticias de los gobiernos. Además, nos enseña que los golpes de estado no son asuntos solo de la actualidad, sino que existen desde que el ser humano ha establecido gobiernos. La mayoría de estas reacciones iban dirigidas contra acciones militares, económicas, o ideales políticos de liberación, aumento en los impuestos, la ocupación de territorios por tropas extranjeras, violaciones a los asuntos religiosos o insurrecciones al templo, así como la imposición de nuevos dioses o sus rituales, santuarios o sacerdotes. Todas las reacciones desembocaban en actos bélicos que diezmaban vidas humanas.

Estas bandas o grupos estaban compuestos por personas que habían sido expulsadas de sus tierras. Por tal razón, se veían forzadas a robar para sobrevivir. Se movían en todas direcciones. Vivían en cuevas en medio de los desiertos haciendo sumamente complicada su búsqueda por parte de tropas o guardias. A este tipo de bandido es al que Jesús hace referencia cuando entra en el templo acusando al sacerdocio de su época de la extorsión y corrupción en la que ministraban. En ese momento comparó al templo con una cueva de ladrones.

El mayor crecimiento de estos grupos fue a mediados del siglo I, pero hay información histórica, especialmente en las obras de Josefo, para entender que su presencia activa era la voz disidente de los estilos de gobierno.

Al finalizar estas líneas debemos considerar que los Evangelios ofrecen ciertas narrativas que pudieran hacer inferir que parte de la opinión pública sobre la persona de Jesús consideraba que era un bandido social. Consideremos los siguientes factores para dicha aseveración: los guardias del templo pensaban de esa forma. Jesús fue crucificado entre bandidos. Barrabás fue liberado en lugar de Jesús. Al igual que los bandidos sociales, Jesús provenía de villas o comunidades de

> Ciertamente, la cruz era la pena de muerte más detestable, denigrante y despiadada de todas.

dudosa reputación, entre ellas Nazaret. Tenía conflicto con los impuestos y protestó contra la situación en el templo. Claro que para nosotros Jesús no era un bandido social, sino que más bien su ministerio estaba identificado con muchas causas comunes de los grupos de su época. Esto resulta evidente cuando se entiende su ministerio dentro del contexto social descrito.

A pesar de que evaluaremos la crucifixión en otro capítulo, quizás sea interesante proveerle al lector algunos datos sobre las penas impuestas a los criminales. Ciertamente, la cruz era la más detestable, denigrante y despiadada de todas. Sin embargo, hubo casos en los cuales las personas fueron lanzadas a los animales feroces. En otras situaciones o regiones eran quemadas vivas. Hay historias de personas que fueron desmembradas. Una de las formas de ejecución más comunes era la decapitación, la cual le fue aplicada a Juan el Bautista por órdenes de Antipas, tetrarca de Galilea.

Ahora estamos en mejores condiciones de evaluar los hechos. Una visita a ese mundo crítico nos ayuda a entender muchas narrativas bíblicas y discursos de los Evangelios desde otras perspectivas. El momento que nos cautiva, la ejecución de Jesús, tiene un contexto vital. El mismo no está tan distante de lo que hemos expuesto. La formulación de preguntas que atiendan inquietudes, dudas y desaciertos en los lectores son válidas, siempre y cuando estén ubicadas en estos contornos sociales. Jesús era una alternativa para un mundo en crisis. Quisiéramos que cada pueblo tercermundista pudiera recibir a un ser humano de esa calidad y valor intrínseco. Nuestros tiempos no lo permiten, así que nos toca a nosotros sus discípulos revivir su memoria de acuerdo a nuestras obras con una perspectiva de caridad que tenga un sabor a misericordia divina.

Ya Jesús nos lo dijo: «Siempre tendréis a los pobres con vosotros» (Marcos 14:7). Una mirada a su mundo nos invita a reflexionar en que los ciudadanos que lo escucharon son las personas del público que nos ve hoy. Cada pobre, pordiosero y mendigo nos recuerda su voz desde la cruz. En los ojos de los abandonados, los desahuciados y los marcados vive el grito de la esperanza que predicó. Por eso su ejecución se entronó en este contexto, porque era el mundo que a lo largo de los años tendría las mismas características que nos recordarían que su muerte no fue en vano en la medida en que actuemos conforme a sus preceptos.

De ahora en adelante, cada vez que hable de la vida, obra, muerte y resurrección de Jesús, ubíquelo en su mundo social. Solamente así su muerte tendrá el valor que le corresponde. Su inocencia cobra vigencia dentro del marco de injusticia que denunció en su tiempo. Esa es su voz profética que resuena desde el pasado y continúa haciendo ecos en el mañana. Su mundo lo ejecutó, porque los inocentes son la presa más fácil de los tiranos, pero la perla más valiosa del Reino de Dios.

# Capítulo 1

# DATOS HISTÓRICOS
# SOBRE JESÚS

## ¿Es Jesús un personaje real de la historia?

Esta es la primera pregunta que debemos hacernos, si es cierto que existió un personaje llamado Jesús hace dos mil años aproximadamente. Y la respuesta debe provenir de una fuente histórica que aporte los datos necesarios para creer en su existencia. Una cuestión como esta requiere que la historia sea la que conteste, por lo tanto, es ella quien tiene la oportunidad de atestiguar sobre la existencia real de Jesús. No estamos estableciendo que la Biblia no es una fuente de información fidedigna, sino más bien queremos considerar una fuente externa que valide lo que ya creemos.

Tal fuente de información proviene de un historiador judío llamado Flavio Josefo. Este judío pertenecía a los soldados rebeldes «zelotas» que le declararon la guerra a Roma en el siglo I. Él fue tomado prisionero en el norte de Israel. Los romanos lo arrestaron y debido a su capacidad intelectual, su habilidad para hablar varios idiomas y su talento para escribir, lo llevaron cautivo. De esa forma se convirtió en el historiador que trabajó para el Imperio Romano en el tiempo de las conquistas del general Tito, unos treinta y cinco años después de la muerte de Jesús. Mediante su recopilación de información logró redactar grandes colecciones históricas que hoy son fuentes principales consultadas aun en los ámbitos académicos y utilizadas para entender muchas de las interrogantes de ese tiempo. Entre ellas se encuentran *Las guerras de los judíos* y *Las antigüedades de los judíos*.

Esta última, *Las antigüedades de los judíos*, es la obra en la que Flavio Josefo atestiguó que por esa época, hace dos mil años, existió un hombre llamado Jesús. Su expresión escrita contiene información que hace creíble el testimonio de la existencia de Jesús como una persona histórica y real.

> Por aquel tiempo existió un hombre sabio llamado Jesús, si es lícito llamarlo hombre, porque realizó grandes milagros y fue maestro de aquellos que aceptan con placer la verdad. Atrajo a muchos judíos y muchos gentiles. Él era el Cristo. Delatado por los principales

responsables de entre los nuestros, Pilato lo
condenó a la crucifixión. (Josefo, 18:3.)

Esta cita histórica testifica sobre la existencia de un
hombre llamado Jesús, con poder, discípulos y sentencia-
do a la cruz por Poncio Pilato a petición de las autoridades judías.

Flavio Josefo era judío, pero no seguidor de Cristo, como
se les llamaba a los primeros cristianos hasta donde la historia lo evidencia. Esto quiere decir que no siendo cristiano,
la frase escrita por él es suficiente para probar el hecho histórico de la existencia de Jesús. El Jesús que Flavio Josefo
describe posee características particulares y similares al
Jesús descrito en los Evangelios. Por lo tanto, la afirmación
cobra mayor credibilidad, pues proviene de una fuente
que no está vinculada con el movimiento cristiano, que
en esa fecha no se conocía como tal. Otro autor llamado
Romano Penna nos aclara que esta afirmación se conoce
con el nombre de «testimonio flaviano». (Romano Penna,
*Ambiente histórico-cultural de los orígenes del cristianismo.*)

Además de esta, tenemos otras fuentes indirectas que
aportan a la veracidad de la existencia de Jesús. Entre ellas
se encuentran cartas imperiales escritas a principios del
siglo II que hacen referencias al siglo precedente. Una de
las más significativas es la del historiador romano Tácito
(55–125 d. C.). Tácito escribió su obra cumbre titulada
*Anales*, en la cual hace referencia a los sucesos históricos
que tuvieron lugar en Roma. En uno de sus capítulos, en

especial para el tiempo del incendio ocurrido en Roma bajo el mandato imperial de Nerón, escribió:

> En consecuencia, para acabar con los rumores, Nerón presentó como culpables y sometió a los más rebuscados tormentos a los que el vulgo llamaba cristianos, aborrecidos por sus ignominias. Aquel de quien tomaban nombre, Cristo, había sido ejecutado durante el mandato de Tiberio por el procurador Poncio Pilato. (Tácito, *Anales* 15, citado por Romano Penna.)

Esta cita es una confirmación de la existencia de Jesús desde la mentalidad de un historiador romano que valida el dato de la crucifixión y lo ubica en el tiempo real dentro del calendario romano. Tiberio César fue emperador romano luego de Augusto César, y bajo su mandato Cristo fue crucificado. Existen más documentos de este calibre que establecen sin duda la existencia de Cristo. Entre ellos son notorias las cartas de Plinio el Joven, Suetonio y Orígenes.

> La realidad es que no existe evidencia social de dicha época en la que podamos determinar que el físico de Jesús fuera casi el de un modelo de la actualidad.

Por otra parte, en varias ocasiones he escuchado opiniones distintas sobre cómo se puede describir a Jesús físicamente. La pregunta surge a consecuencia de las múltiples aseveraciones sobre su aspecto como una persona de tez blanca, cabellos rubios y ojos azules. Esta es una imagen que proyecta a un Jesús impresionante y atractivo. Sin embargo, tal imagen está en controversia con dos realidades: una profética y la otra social. Comencemos por la social. La realidad es que no existe evidencia social de dicha época en la que podamos determinar que el físico de Jesús fuera casi el de un modelo de la actualidad. Si utilizamos como marco de referencia las características generales de las personas que poblaban la región en esa época, debemos suponer que Jesús era un hombre de tez trigueña, tostado por el sol, de cabello oscuro, con las manos fuertes y callosas por el trabajo de la tierra. Su condición física debió ser muy buena, considerando que caminar es un ejercicio que promueve una condición cardiovascular saludable.

En cuanto al aspecto profético, tenemos que recurrir al capítulo 53 del libro del profeta Isaías. En ese pasaje se nos informa que el Mesías no tendría atractivo alguno, para que no lo deseemos. Nos parece que el atractivo de Jesús estaba en su personalidad combinada con su verbo y el contenido de su mensaje lleno de esperanza. La gente del tiempo de Jesús buscaba a un líder, un mensaje y una persona que los entendiera.

> La gente del tiempo de Jesús buscaba a un líder, un mensaje y una persona que los entendiera.

El personaje de Jesús dibujado con tez blanca, cabello rubio y ojos azules es una imagen de la Edad Media y el Renacimiento. La base que se utilizó para esta descripción proviene de dos fuentes. La primera, los modelos que utilizaron los pintores, que apoyaban la idea que tenían de Jesús. La segunda fuente es el personaje de la historia de amor relatada en la Biblia, en el pasaje de Cantar de los Cantares 5:10–14. Este personaje, llamado o conocido como «el amado», se interpreta en ocasiones como una figura modelo o prototipo de Jesús en el sentido profético. Este es el hombre que viene por su mujer, igual que Jesús por la iglesia. La realidad es que esa expresión poética no tiene relación alguna con la figura de Jesús. Algunos eruditos, creyendo que son la misma figura, han utilizado la descripción del amado, que es blanco, rubio y de ojos azules. No obstante, tal interpretación no tiene mucho fundamento exegético y no debe ser tomada literalmente.

## ¿Es la historia de Jesús un mito?

Nuestro tiempo se distingue por varias características. Una de ellas es crear controversias con respecto a asuntos fundamentales. Esto se hace por varias razones. La principal de ellas es producir dinero y ganar adeptos. Resulta obvio que una de las figuras que más dinero deja si lo colocamos en el centro de las controversias es «Jesús». Imagine la novela *El código Da Vinci* de Dan Brown sin Jesús y sin las controversias alrededor de su persona; con seguridad hubiera sido un fracaso. Fue la controversia la que le dio vida a la novela.

Igualmente, en otros renglones y disciplinas de la vida ocurre el mismo fenómeno. Fijémonos en que todos los descubrimientos relacionados con el cristianismo son realizados por personas que no creen. Por lo tanto, la primera reacción es siempre contra la fe. No es posible que una persona no creyente pueda interpretar sus datos e información a favor de algo en lo que no cree. Este es el caso con respecto a esta pregunta.

Recientemente he escuchado a estudiantes universitarios a quienes sus profesores ponen a prueba. En sus discursos con su famosa «libertad de cátedra» intentan derrotar las bases del cristianismo presentando una información incompleta o parcializada. Un profesor de la universidad debe ser imparcial. Su función es educar, no adoctrinar. Sin embargo, uno de sus puntos más fuertes es el planteamiento sobre el mito de Jesús. El mismo se explica estableciendo que en varias civilizaciones y culturas se ha manifestado el fenómeno de una virgen que da a luz al hijo de un dios. Esto aparece en las culturas de Egipto, Mesopotamia y los caldeos, entre otros. La primera y única interpretación que se ofrece es que el cristianismo copió de las otras culturas, con la intención de divinizar a Jesús o crear una historia que es falsa. Esa postura es injusta, porque existen otras explicaciones. Veamos la razón.

Un mito no es una mentira por definición. La filosofía entiende y explica que los mitos son aquellas contestaciones intelectuales que ofrecemos a fin de satisfacer dudas, interrogantes y preguntas para las cuales no tenemos respuestas. Los mitos mueren cuando aparece una verdad absoluta o un suceso que responde a las inquietudes. Si las civilizaciones antiguas manifestaron mitos sobre una virgen dando a luz a un salvador, fue porque había una interrogante intelectual no satisfecha. Entonces lo representaron en sus expresiones mitológicas creyendo que algún día saldría a relucir la verdad finalmente.

Con el tiempo nació Jesús. Nació de una virgen y fue engendrado por el Espíritu Santo. Al nacer, Jesús acabó con los mitos, porque después de Él no volvió a surgir una historia como esa en ninguna otra civilización. Esto quiere decir que el acontecimiento del nacimiento de Jesús acabó con los mitos debido a que Él es la historia verdadera que responde a las interrogantes humanas. Tal suceso manifestó que era necesario que Dios se hiciera hombre para atender un reclamo existencial: cómo alcanzar la vida eterna. Con Cristo, ese reclamo ya no necesita un mito, Él es la verdad absoluta en la que todos los mitos mueren.

> Al nacer, Jesús acabó con los mitos, porque después de Él no volvió a surgir una historia como esa en ninguna otra civilización.

Jesús no es un mito. Es la verdad esperada que acabó con ellos. Después de Él no han surgido más mitos sobre una historia en la que un dios nazca. Hace falta más fe para creer en las ideologías humanistas de nuestros tiempos que para creer que Jesús es Dios hecho carne. Dios hace lo que tiene que hacer a su manera, por eso es Dios... con nosotros o sin nosotros.

## ¿DÓNDE NACIÓ JESÚS?

Para poder hablar sobre el nacimiento de Jesús o hacer referencia a este suceso, la única fuente de información que tenemos disponible es la Biblia. Es bueno establecer que antes de la existencia del canon bíblico, o

> Jesús no es un mito. Es la verdad esperada que acabó con ellos.

sea cuando se compilaron los libros que hoy componen la Biblia, los Evangelios eran considerados libros históricos. De ellos, la mejor versión es el relato que se encuentra en el capítulo 2 del Evangelio de Mateo. El pasaje explica que Jesús de Nazaret nació en Belén, en la región de Judea. La historia bíblica añade que ocurrió durante la época en que Herodes el Grande reinaba en Palestina bajo el mandato del Imperio Romano, durante el tiempo de Augusto César. En conformidad con el texto, su nacimiento fue bien discreto, pues esta era una época en que no existía la comunicación que tenemos hoy día.

El nacimiento de Jesús no fue un acontecimiento social de conocimiento público. Solo José y María al principio, luego los pastores y posteriormente los magos sabrían de ese nacimiento, por lo que es algo concluyente el elemento de la discreción en el asunto. Tanto así que cuando Herodes manda a matar a los infantes, decide que incluyan a los de dos años o menos, para estar seguro de que mataría al correcto. Esto puede ser una señal del desconocimiento social sobre el nacimiento del Mesías. En otras palabras, para mucha gente en ese momento nació un niño más.

Imaginemos por un momento que este nacimiento se hubiera dado en esta época con la ayuda de los teléfonos celulares e Internet; no hubieran cesado de sonar los teléfonos invitando a las amistades a estar presentes en el acto. Sin embargo, no ocurrió en nuestra época, por lo que este acto no tuvo la notoriedad que hubiera tenido en nuestro tiempo.

Belén, en los días de Jesús, era una pequeña aldea cercana a Jerusalén, en dirección al sur. Hoy, es una ciudad bajo la autoridad palestina. En aquel entonces, la mayoría de sus aldeanos se dedicaban a la crianza de ovejas, y como está ubicada entre montes y llanos, muchos de sus pobladores vivían en grutas o cuevas, lo cual se mantiene hasta la actualidad. De modo que este nacimiento ocurrió en lo que sería hoy una cueva o gruta que tuviera cerca un establo o un rancho. Así es. El Salvador del mundo nació en una gruta cerca de un lugar para albergar asnos, ovejas y vacas. ¿Por qué sucedió de esta manera? Primero, para que se cumpliera la profecía que aparece en el libro de Miqueas, capítulo 5. Segundo, porque Herodes el Grande promulgó un edicto para que todas las personas se inscribieran en el sitio donde habían nacido. Algo así como un tipo de censo. Debido a esta razón, las personas se trasladaron de su lugar de residencia a su lugar de nacimiento. Parece que el movimiento fue tan masivo, que al buscar hospedaje José y María encontraron que todo estaba lleno. No había vacantes en los hostales del área, ni en los mesones de la región. Es como si uno quisiera ir a unas vacaciones en Disney World y todos los hoteles estuvieran llenos y no hubiera más opción que quedarse debajo de un puente o en cualquier otro lugar para pasar la noche.

Otro aspecto que debemos considerar es cuál fue la época del año en la que resulta más probable que haya ocurrido el nacimiento de Jesús. Es muy probable que Jesús haya nacido en el tiempo primaveral, que es uno igual al nuestro, o sea entre los meses de marzo y mayo. El texto bíblico señala en el Evangelio de Lucas, capítulo 2, que los pastores recibieron el anuncio del nacimiento mientras se hallaban en el campo de noche, de lo cual puede deducirse que ellos estaban con sus rebaños. Esto puede ocurrir únicamente en primavera o verano, es decir, en los meses desde marzo hasta septiembre, que es cuando los pastores viven en el campo a la intemperie con sus ovejas. Permanecer en una gruta con un rebano sería difícil de soportar, pero las noches son frescas y alivian un poco el intenso calor del día. Además, estos son meses en los que apenas llueve, por lo que pernoctar es una opción real para los pastores. Si el anuncio ocurrió cuando los pastores estaban en el campo, debemos pensar que esta es la mejor fecha para que Jesús naciera.

Consideremos que el tiempo de invierno en Israel comienza en noviembre y puede durar hasta febrero. En esa época las ovejas no pastan en el campo, porque la nieve se lo impide. Por el contrario, los pastores se resguardan en las noches dentro de las cuevas entre las montañas y protegen a sus ovejas. Así que los ángeles no hubieran podido anunciarles el nacimiento de Jesús a los pastores en el campo, porque estarían dentro de las grutas.

Por lo tanto, Jesús nació en Belén, en la región de Judea, en una gruta sobre un pesebre durante algún momento entre los meses de marzo a junio de ese año.

## ¿EN QUÉ FECHA NACIÓ JESÚS?

El nacimiento de Jesús se celebra el 25 de diciembre de cada año en todo el mundo cristiano. En realidad, celebramos el hecho de su nacimiento, no su natalicio. Ese no es el día en que Él nació. Tal fecha se impuso en el siglo IV y no necesariamente es la real en términos históricos. Entonces la pregunta es: ¿cuál fue el análisis o la razón para seleccionar esa fecha? La historia relata que muchos años después de la muerte y la resurrección de Jesús, a principios del siglo IV, hubo un emperador romano de

> En realidad, celebramos el hecho de su nacimiento, no su natalicio.

nombre Constantino. Su progenitora, llamada Elena, según se cuenta se convirtió al cristianismo. Esto ayudó a que el cristianismo se propagara por el Imperio Romano con mayor libertad. A la misma vez, le sirvió al emperador como elemento unificador, ya que el imperio se encontraba dividido entre oriente y occidente.

En ese tiempo, el Imperio Romano permitía la celebración de cultos a todos los dioses paganos de sus ciudadanos. Esto era vital, ya que muchos ciudadanos romanos continuaban con las prácticas religiosas y culturales de las regiones de donde provenían. Entre ellos había egipcios, medos, persas, fenicios y de otras religiones llamadas «mistéricas». Algunas deidades de la época (como Hermes, Heracles, Isis y Mitra, entre otros dioses paganos) eran conocidas por todas las personas que conformaban el imperio. Esto se permitía para mantener a los ciudadanos contentos y darles la opción de hacerles fiestas a sus patronos. También era tradición celebrar el culto al emperador una vez al año. Todas estas fiestas se llevaban a cabo el 25 de diciembre de cada año, día en que las regiones de todo el imperio celebraban a sus deidades o dioses. Se trataba de festividades que promovían la inmoralidad y creaban grandes desórdenes sociales.

En la ciudad de Roma, capital del imperio, se celebraba el culto al Sol Invicto en honor al emperador, quien era considerado un dios, pues gracias a su poder Roma gozaba de grandeza y esplendor. Según algunos historiadores, Constantino se convirtió al cristianismo, mientras que otros alegan que no lo hizo, pero todos sí están de acuerdo en que se aprovechó del movimiento religioso para hacer progresos en su agenda política. Todavía el cristianismo no había sido decretado como la religión oficial del imperio, aunque era la más propagada. No obstante, Constantino, haciendo uso de su poder político, decretó el 25 de diciembre de cada año el día para celebrar el nacimiento de Jesús y eliminó mediante edicto imperial el culto a los dioses paganos. Esto contribuyó a que surgiera un cambio radical, dejando de ser una celebración inmoral y convirtiéndose en una solemne.

Permítame aclarar algo, pues no deseo crear confusión. Esta explicación es un dato histórico que nos muestra por qué el nacimiento de Jesús se celebra en esa fecha. Creo que Constantino hizo algo bueno en beneficio de la iglesia, aunque él mismo no se diera cuenta. El hecho de dejar sin efecto los demás cultos paganos, heréticos y mistéricos para tener un día en el cual celebrar que Jesús nació me parece magistral. Hoy día deberíamos hacer actos semejantes, arrebatándole al mundo algunas de sus fiestas para establecer nuestros cultos a Dios. Sin embargo, algunas personas se han aprovechado de este dato para hacernos creer que estamos celebrando un acto pagano. Eso es totalmente falso e injusto. Cuando llega el 25 de diciembre nosotros no celebramos a Constantino, ni a ninguna de las deidades de ese

> En realidad lo importante para nuestra fe es que Jesús nació y vivió entre nosotros.

tiempo, celebramos a Cristo. Yo prefiero amanecer cada día pensando que Dios vino a esta tierra por nosotros, y eso es motivo de fiesta. Si Constantino lo hizo por otras razones, realmente eso es asunto de él. Nuestro deber es celebrar a Cristo en todo tiempo y toda época. En realidad lo importante para nuestra fe es que Jesús nació y vivió entre nosotros. ¿Cuál es la fecha real? Eso es un asunto irrelevante, porque no le resta méritos al hecho de haber nacido para salvarnos.

La fecha también es buena para referirnos a la visita de los magos. Llamados así por razones de las múltiples interpretaciones. La palabra para «mago» en griego es *taumaturgo*, y para sabio es *maggie*. Estos hombres eran sabios, científicos, individuos llenos de conocimiento que asesoraban a los reyes de su país. Los monarcas los consideraban mucho, porque se habían hecho ricos gracias a los consejos de estos hombres, como sucedió con José en Egipto. Su conocimiento fundamental provenía de las variaciones en las estrellas, el movimiento de las constelaciones, la rotación de la Tierra y los cambios en las estaciones del año. Gracias a sus consejos los reyes de sus respectivos países podían beneficiarse logrando mejores cultivos, cosechas y sistemas de riegos, así como evitando catástrofes e inundaciones.

La tradición establece que un día apareció una estrella inusual en el cielo que no estaba identificada en sus mapas científicos.

> Dios siempre se revela en lo que conocemos con algo que desconocemos.

Dios siempre se revela en lo que conocemos con algo que desconocemos. Tal experiencia los llevó a moverse de su estado de comodidad para recibir una revelación. No sabemos a ciencia cierta si eran tres o más. El número tres provino originalmente del número de los regalos (oro, incienso y mirra) y con el tiempo un sacerdote católico les otorgó los nombres que hoy conocemos.

La grandeza de la historia bíblica que aparece en Mateo 2 está fundamentada en varios aspectos que tienen relevancia para nosotros. Primero, debemos dejar todo para descubrir lo que Dios nos quiere mostrar. Muchas veces queremos permanecer en nuestra zona de confort para que Dios se mueva hacia nosotros, pero en ocasiones Dios nos mueve hacia Él para ver su gloria revelada. Segundo, ellos llevaron lo mejor a donde iban. Tenemos que aprender a llevar todo lo mejor de nosotros al encuentro con ese Dios de amor a fin de derramarlo ante su presencia. Tercero, ellos vieron al niño y se postraron para adorarlo. Es curioso que hombres ricos y de ciencia se inclinaran hasta el suelo para adorar a un niñito que estaba en un cesto lleno de paja. Esto se llama visión, la habilidad de ver lo que otros no pueden percibir. Ellos no vieron un bebé, sino al Rey de reyes. Tenemos que aprender a ver a Cristo en todas nuestras situaciones para adorarlo, así sea en una canasta de paja. Además, le entregaron sus obsequios.

Estos no eran regalos usuales para un niño. Los niños juegan con carritos, maracas, sonajeras, animalitos y cosas así. Sucede que hay muchas ocasiones en las cuales Dios nos regala obsequios que en el momento no tienen sentido, pero en el futuro son de bendición. Me explico: el oro, el incienso y la mirra son tres de los productos de mayor valor en el mercado de Egipto. Dios sabía que María, José y Jesús tendrían que salir a esconderse en Egipto, de modo que para que no pasaran necesidad les regaló de antemano lo que podrían vender en el mercado para sobrevivir unos años. Dios está haciendo lo mismo por usted ahora, en este momento.

Al final, mediante una revelación poderosa, se fueron por otro camino. Herodes quería matarlos, pero Dios los protegió. A mí se me ocurre pensar que cuando conocemos a Jesús y lo adoramos, jamás regresamos por el mismo camino. Hoy celebramos que unos extranjeros adoraron a Jesús y le rindieron pleitesía.

Existe una teoría científica que alega que la visita de los magos coincide con la aparición del cometa sideral Halley. Es posible que esta sea la explicación de la estrella del Oriente descrita en el Evangelio de Mateo y que guió a los magos hasta Belén. Tan pronto como se dio a conocer esta teoría sobre la aparición del cometa, hubo muchos intentos por tratar de opacar el acto divino de la presencia de la estrella de Belén, haciendo creer que nunca existió y que se trataba del cometa.

Pues bien, un cometa es una estrella fugaz que surca el espacio sideral por un tiempo de vida definido. Es posible que ese mismo cometa haya sido la estrella. No obstante, si fue el cometa, entonces reconozco que Dios lo utilizó para que fuera la estrella que alumbró el espacio anunciando que el Mesías había nacido.

## ¿Dónde se desarrolló Jesús?

En el tiempo de Jesús, todo el territorio que hoy cubre las regiones de Israel, Siria, Líbano y parte de Jordania se conocía como Palestina. Esto es así como consecuencia de un intento de conquista militar por parte de los romanos a Egipto. En su derrota, fueron recorriendo la costa suroeste de Israel, hoy conocida como la Franja de Gaza. Esta región les perteneció por mucho tiempo a los filisteos, que provenían de la isla de Creta, al sur de Grecia. Con el paso del tiempo, el nombre Filistea (*Philistia*) se fue deformando hasta que la zona llegó a ser conocida como Palestina. Este territorio había dejado de llamarse políticamente Israel desde el año 586 a. C., durante la conquista de Babilonia, retomando dicho nombre el 14 de mayo de 1948. Así que para efectos del tiempo de Jesús, la región se conocía como Palestina.

Jesús nació en Belén, vivió un tiempo en Egipto, pero creció en la aldea de Nazaret, que pertenece a la región de la Galilea. Galilea está ubicada al norte, tanto en la antigüedad como en el Israel actual. El poblado de Nazaret queda al sur de Galilea, cerca de Caná, el lugar donde se celebraron las bodas de acuerdo con el Evangelio de Juan.

Esta es una aseveración conforme a la Biblia y a varios eruditos arqueólogos de nuestros tiempos.

La Galilea del tiempo de Jesús estaba compuesta por varias regiones. De una parte, hacia el norte, en dirección a Siria y el Líbano, están las Alturas de Golán. Hacia la región del Mar de Galilea se halla Capernaum, Gadara y Tafga. Cercano al mar en dirección hacia el este se encuentra el Río Jordán y su valle lleno de colorido. Un poco más al sureste está una zona conocida como Decápolis, que en griego significa «las diez ciudades».

Galilea era famosa por la diversidad poblacional que existía en su región, especialmente de gentiles, entre ellos griegos y romanos. También por la cantidad de gente que la visitaba, las personas de poder que vivían en la zona y la riqueza natural que poseía. La vida en Galilea gira alrededor del lago, el cual está rodeado de tierra sin salida al Mar y tiene múltiples nombres: Mar de Galilea, Lago de Genezaret, Lago de Tiberíades y Lago de Kinéret, que significa «*arpa*» en hebreo. Este último nombre, según referencias de la antigüedad, se debe a que el lago parecía tener la forma de un arpa visto desde las montañas.

La región estaba poblada por personas de ascendencia griega y romana que tenían propiedades en Decápolis, lo que le añadía valor a las áreas pobladas. Había grandes construcciones como gimnasios, hipódromos, saunas, templos y otras atracciones que la hacían interesante para la inversión extranjera. La dinastía de los Herodes, durante su época, construyó una ciudad en nombre del emperador romano Tiberio César, llamada Tiberias o Tiberíades. La región de Gadara se lucraba con Decápolis, ya que en los cultos a los dioses paganos, así como en las fiestas tipo «bacanales», se usaba el cerdo como animal principal, ya fuera para los sacrificios o la comida.

En cuanto a la región de Galilea, su fuente principal de producción era la pesca en el lago y la agricultura. Debemos explicar que en el Evangelio de Marcos se menciona al Mar de Galilea, mientras que en el Evangelio de Lucas se hace referencia al Lago de Tiberias o Genezaret, pero se trata del mismo cuerpo de agua. Para los galileos, su ubicación geográfica los beneficiaba en cuanto a la agricultura. Este fue un factor determinante en el desarrollo agrícola y económico de la región, trayendo como resultado el aumento en el número de pescadores, agricultores y carpinteros en la zona. El nombre se convirtió en un asunto regionalista. Para Lucas era un lago, ya que siendo él de Antioquía, tenía al frente el Mar Mediterráneo, que era y es un cuerpo de agua impresionante.

En Galilea, también había áreas de suburbio social, de las cuales una de las más famosas y conocidas era Nazaret. Dicho sea de paso, Nazaret ha sido determinado por la tradición cristiana como el lugar de la anunciación de María por parte del arcángel Gabriel (véase Lucas 1:26–36). Hay escritores como Richard A. Horsley y John S. Hanson que creen que durante la época de Jesús, Nazaret se convirtió en un refugio de sicarios y bandidos sociales. Jesús se crió en ese pueblo, de donde se deriva su seudónimo, «el nazareno». Debido a la escasez y calidad de vida de la región, Él cargó el precio de su imagen social frente a quienes conocían el lugar. No es que el sitio fuera malo o perverso, sino que no era el adecuado para aquellos que esperaban al Mesías. Un ejemplo de esto es la declaración de Natanael cuando le mencionaron que habían encontrado el Mesías y que era de Nazaret. Él respondió: «¿De Nazaret puede salir algo de bueno?» (Juan 1:46). Este comentario nos brinda la oportunidad de entender cómo se consideraba a dicha región y sus ciudadanos en términos de importancia social o política.

Sin embargo, una lectura rápida de algunos textos bíblicos nos muestra a un Jesús que no le preocupó nada que le señalaran que era de Nazaret.

## ¿Cuál fue el verdadero rol de María en la vida de Jesús?

Toda persona relacionada con Jesús y su historia tiene un papel protagónico en su vida y el desarrollo de su ministerio. No importa quién sea el personaje, puede tratarse de Judas, Simón Pedro o María Magdalena. Estar cerca de Jesús es razón suficiente para llamar la atención y querer saber más de su persona. Y mientras más cerca alguien esté de Jesús, mayor interés cobra su presencia y mayor es el deseo de conocer su aportación a esa vida.

De todas las personas cercanas a Jesús, María, su madre, es una de las figuras más importante en su vida y su ministerio. Su propósito en la vida de Jesús hay que definirlo con mucha precisión para no caer en el impulso de canonizarla o elevarla al nivel de una deidad que en otros escenarios supera a Jesús. Esto es algo inaceptable. Si María fue importante, es porque Cristo era vital y su misión así lo determinó. No es por ella misma, sino porque fue escogida para ser un instrumento de Dios. Cuando uno es escogido para ser instrumento de Dios, algo que María tenía claro de acuerdo con el Evangelio de Lucas, el instrumento nunca supera al propósito. Por lo tanto, María no podía ser más grande que Cristo, Él es el propósito. Así que resulta necesario entender que desde su función como instrumento ella hizo una aportación como la madre de Jesús. Esto nos invita a conocer mejor su dolor y su agonía.

María era, conforme a la tradición cristiana, una joven doncella de familia humilde. Según esta tradición y el relato bíblico estaba desposada con José, un carpintero de Jerusalén. Hay documentos tradicionales que hacen creer que José ya tenía hijos cuando se casó con María, pues era un hombre mucho mayor que ella. Resultaba algo normal en esa época que los hombres mayores aseguraran matrimonios con mujeres jóvenes que les pudieran proveer más hijos. También hay otros escritos apócrifos que hacen creer que después del nacimiento de Jesús, María tuvo más hijos con José. El hecho real es que Jesús tuvo hermanos, ya sea por parte solo de José o de padre y madre. En el Evangelio de Mateo 1:25 se nos explica que José no conoció a María hasta que ella tuvo a Jesús. En el texto bíblico el verbo «conocer» se refiere en la mayoría de las ocasiones a la intimidad sexual. Es decir, que el concepto de virgen quedó relegado, ya que una vez que Jesús nació, José tuvo relaciones íntimas con María, algo que es obvio, pues era su esposo.

Estar desposada significaba que había un arreglo nupcial contractual entre el padre de María y José. Se trata de un tipo de compromiso en el que el futuro novio le entrega a la familia un botín, llamado «la dote», a cambio de asegurar la mano de la doncella. Ese botín, más que un regalo, representaba la garantía del compromiso y la seguridad de que la joven era virgen. En otras palabras, que no había estado con otro hombre antes que el novio.

El caso específico de María era delicado, porque el relato bíblico nos informa que estaba embarazada antes de casarse con José. Esto era un problema bien serio en el tiempo de Jesús, ya que plantea un elemento pecaminoso de fornicación estando desposada. No saber quién realmente embarazó a María implicaba que había cometido una falta grave. La deshonra era tanto para la familia de ella como la del novio, en este caso José. Tal ofensa se pagaba con la pena de muerte mediante la lapidación. Y aun cuando se supiera quién era el responsable, ya la deshonra de la familia era un daño palpable e irreparable.

Para entender este asunto mejor debemos asumir la postura de los enemigos de Jesús. Si María era virgen, ¿quién la embarazó? No podemos adjudicarles a ellos el conocimiento de quienes creemos en la manifestación del Espíritu

Santo. Por lo tanto, el problema y el escándalo afectaban a José al estar desposado con María.

No obstante, José decidió asumir la responsabilidad paterna del niño a consecuencia de un sueño tipo visión nocturna en el que se le reveló la verdad sobre el nacimiento de Jesús.

De este modo, podemos establecer que el papel protagónico de María no solamente fue traer a Jesús al mundo. Por el contrario, es con el acto del alumbramiento que se inicia su rol de madre de Jesús. Su tarea era protegerlo y cuidarlo hasta que se convirtiera en un adulto. Jesús tenía que crecer como un ser humano normal. Si exhibía su poder antes de tiempo, estaba destinado a morir antes de enfrentarse a la cruz, lo cual era su misión final. Él tenía que aprender a ser «hombre». Si fracasaba en su proceso de aprendizaje, no podía cumplir con su verdadero cometido: salvar al ser humano de su pecado. Tenía que crecer y aprender a fin de poder vencer.

Cualquier madre que ama a un hijo haría todo lo posible por cuidarlo bien y llevarlo hasta el final del camino. Y María no fue la excepción. Se dedicó abnegadamente a buscar por todos los medios hacerle saber que ella estaría presente en todo momento. Sin embargo, Jesús comenzó desde muy temprana edad a anunciarle a María que al final del camino la cruz era inevitable. Esta declaración de Jesús fue minando el corazón de María, como el de cualquier madre carnal que no quiere ver sufrir un hijo. María amó a Jesús, pero no pudo detener la misión para la cual vino al mundo.

Al final de la jornada que lo llevó a la cruz, cuando el texto bíblico presenta el cuadro desastroso de Jesús crucificado en el Calvario, María está presente como testigo de la escena (véase Mateo 27:55). Las madres que aman siguen a sus hijos hasta el final de sus caminos, aun cuando esto implique crisis, angustia y finalmente la muerte. Cuando María logró ver a su hijo destruido en la cruz, aquella espada que Jesús le anunció en varias ocasiones se convirtió en una realidad agónica. La muerte de Jesús le costó a María la alegría de vivir. Jesús, consciente del dolor humano, y aun más del sufrimiento de una madre, le hace ver que más allá de ser su hijo, Él es Dios, el Salvador del mundo. Entonces decide ubicarla en tiempo y espacio cuando le dice: «Mujer, he ahí tu hijo» (Juan 19:26), refiriéndose a Juan, el discípulo amado.

Estoy seguro de que la resurrección le devolvió a María la esperanza de ver, no a su hijo, si no al Mesías. Debemos concluir que el rol de María se inició con el nacimiento de Jesús y culminó con su trágica muerte en la cruz. Luego con su resurrección comenzó el rol de creyente y seguidora del Salvador del mundo, no ya el de la madre.

## ¿QUIÉNES ERAN LOS FAMILIARES DE JESÚS?

La historia bíblica y la tradición religiosa aportan información que permite establecer quiénes eran los parientes cercanos de Jesús. A la primera que debemos identificar fuera de duda alguna es a María, la madre de Jesús. Este detalle aparece hasta en el Corán, el libro sagrado del mundo islámico, donde se dedica un capítulo completo a Jesús y se le reconoce como el hijo de María. Y es que en el tiempo de Jesús ser conocido como el hijo de María tenía una implicación social. Solamente los hijos a los que se les conocía el padre podían hablar en público. El padre es la garantía social del hijo. En ausencia del padre, entonces es el hermano mayor. Tenemos varios ejemplos de esto, entre ellos: Simón, hijo de Jonás; Andrés, hermano de Simón Pedro; Jacobo y Juan, hijos de Zebedeo.

En el caso de Jesús, José lo adopta como su hijo, pero se entendía que él no era su papá, sino su padrastro. En Mateo 13:55 se pregunta: «¿No es éste el hijo del carpintero?». En el tiempo de Jesús había muchos carpinteros. Así que la pregunta puede interpretarse como despectiva si nos preguntamos de cuál carpintero estamos hablando. Además, se trata de una expresión que lacera la dignidad de María ante la sociedad. Cuando esto ocurre, ese hijo es visto mal, socialmente hablando. Así que Jesús tiene un problema social, no puede hablar en público, porque al no conocerse el padre formalmente, no se le permite a hablar ante la gente. Por eso Jesús afirma ser el Hijo de Dios, lo que lo faculta para hablar donde Él quiera.

La tradición cristiana establece que Jesús fue engendrado por el Espíritu Santo. Esto es un acto espiritual que desde la teología se puede explicar, pero solo mediante la fe se puede aceptar. No obstante, debemos pensar que quienes no creen lo entienden de otra manera. Recomiendo que para entender a las demás personas, siempre es bueno escuchar sus argumentos sin hacerlos a un lado. No podemos despreciar a otros porque piensan diferente a uno. Para eso existe la tolerancia y la compasión.

De modo que Jesús de Nazaret es el hijo de María y el hijastro de José. La tradición cristiana ha establecido que Jesús tenía más hermanos y hermanas, conforme al pasaje bíblico de Mateo 13:55. Las opiniones se dividen en dos grupos. Unos que alegan que los hermanos y hermanas de Jesús eran por parte de José. Otros que arguyen que los hermanos de Jesús eran mixtos, o sea, unos por parte de José nacidos de una relación previa y otros, comenzando con Jesús, de la relación con María. De todos ellos, el que la historia ha validado como hermano de Jesús y que no creía en Él es Santiago, llamado el menor. Este hermano de Jesús fue el que luego de la resurrección quedó a cargo de los creyentes en Jerusalén tras haber visto al Cristo resucitado.

Notemos algo interesante: en nuestros tiempos, la estructura familiar de Jesús sería conocida como la de una familia mixta, que es aquella que está compuesta por personas de diferentes líneas generacionales. Pensemos en cuántas familias conocemos que se parecen a ese modelo. Nuestra sociedad y a veces hasta la misma iglesia tienen tratos despectivos y prejuiciados contra estos núcleos familiares, simplemente porque sus estructuras son diferentes. Sin embargo, la familia de Jesús, siendo mixta (compuesta por un padrastro y una madre soltera) estaba segura de su identidad. Eso es más importante que muchas otras características de nuestros tiempos.

En relación a otros parientes de Jesús, no tenemos evidencia de ninguna índole. Solamente sabemos de María, Santiago y José, su padrastro.

## ¿Quiénes eran los herederos de Jesús?

Los herederos, en el tiempo de Jesús, eran aquellos familiares de primer orden que quedaban vivos luego de que el personaje principal moría, y a consecuencia heredaban lo del difunto. Si estaba casado, la esposa era heredera junto a los hijos procreados en esa relación. Si no tenía esposa o esposo, la herencia se establecía de otra manera. Esta pregunta nos invita a reaccionar a la interrogante de si Jesús estuvo casado o no. Además, si tuvo hijos de esa o cualquier otra relación. También han surgido otras preguntas sobre su persona. Entre ellas si era cierta la existencia de supuestos herederos de Jesús. La contestación es afirmativa. Jesús sí tuvo herederos, pero no los que se relatan en la novela *El código Da Vinci*, porque Él no tuvo esposa ni hijos.

Por tal razón estamos en la necesidad de presentar evidencia para poder determinar si Jesús poseía herederos o no. Esto requiere que se determine si estuvo casado, si tuvo hijos y quién era su heredero de no existir los anteriores.

Conforme a los estudios existentes y la información disponible, es indudable que Jesús nunca se casó. No hay evidencia real o contundente sobre ello. Lo que sí existen son sospechas y teorías que surgen de interpretaciones de algunos datos que no establecen de forma directa, bajo ninguna circunstancia, este hecho. Se trata de meras especulaciones.

Tampoco hay registro o evidencia de la existencia de hijos. Entonces, ¿quiénes son sus herederos? Expliquemos cómo son las líneas de la herencia en el tiempo de Jesús. En los días de Jesús heredaban los hijos y luego el cónyuge. En caso de no haber hijos ni esposa heredaban los familiares que estuvieran vivos en el siguiente orden: en ausencia de los hijos, heredaban los padres; en ausencia de los padres, heredan los hermanos; y en ausencia de hermanos, heredan los sobrinos.

En el caso de Jesús sucedió algo muy peculiar. Existe un documento histórico que explica la llegada de Festo, el nuevo procurador romano en Palestina después de Pilatos, que administraba la provincia desde Siria. Al enterarse de la historia de este «Rey de los judíos» crucificado, pensó que a lo mejor había dejado tesoros como cualquier otro monarca. Por lo tanto, curioso con la historia de Jesús el galileo, comenzó a hacer preguntas sobre su vida. La información que obtuvo fue sencilla. Era la misma historia que se contaba en todos los círculos y las reuniones de los judíos creyentes y los gentiles cristianos en y fuera de las sinagogas judías. En un momento determinado, Festo preguntó si este Jesús había dejado descendientes. El documento histórico manifiesta que le contestaron de forma afirmativa. Entonces Festo mandó a buscarlos con los soldados, pero para la sorpresa de todos el que se apareció fue Santiago, el hermano menor de Jesús, aquel que nunca creyó en Él hasta luego de la resurrección.

La tradición y el apóstol Pablo en su primera epístola a los corintios afirma que Jesús se le apareció a varios discípulos, a Santiago y a él una vez resucitado. La aparición de Jesús a Santiago lo convirtió en el mayor defensor de la iglesia en Jerusalén, haciéndose cargo de todos los asuntos del ministerio. Así que cuando se presentó ante Festo, afirmó que era el hermano de Jesús. También explicó que eran pobres y que se dedicaban al cultivo de la tierra. Como prueba de esto le mostró las manos que servían de evidencia del trabajo en la tierra. Festo lo dejó ir en libertad, frustrado porque sus expectativas eran encontrar los tesoros del difunto Rey. Santiago, el menor, fue ejecutado por el Sanedrín judío más tarde mediante la lapidación en Jerusalén. En el mundo judío, los hijos desplazan a los hermanos en lo que respecta a las herencias. Esto resulta interesante, y como consecuencia de ello la pregunta retórica sería: ¿Si Jesús tuvo hijos, por qué Santiago su hermano era su heredero?

Como efecto de esta declaración surge la necesidad de explicar qué papel desempeñaba Pedro si Santiago dirigía la comunidad de fe en Jerusalén. La realidad de los escritos nos hace pensar que Pedro se concentró en proclamar el evangelio en Jerusalén y algunos lugares fuera de ella, como Cesarea Marítima. Esto último lo acreditan las epístolas de Pablo. En realidad, Pedro asumía conductas en las iglesias gentiles que no se atrevía a adoptar en las de Jerusalén por miedo a que Santiago lo reprendiera. Esto es algo que Pablo nota en una de sus visitas y entonces utiliza el argumento en su epístola a los gálatas. Además, es bueno aclarar que este Santiago no es el hermano de Juan, el discípulo amado, conocido también como Jacobo, que es su nombre original. Jacobo, el hermano de Juan, fue ejecutado en Galilea por Herodes Antipas cerca del año 44 d. C. Tal hecho no solo es histórico, sino que también se encuentra en el libro de Hechos. Sin embargo, en el año 48 d. C. se celebró una cumbre en Jerusalén dirigida por Jacobo el menor, también conocido como «Santiago», por lo que el hermano de Juan no pudo ser quien la dirigiera. En el mundo de aquellos días, al no haber esposa, hijos ni padres, un hermano era el candidato idóneo para dirigir el movimiento de Jesús.

Esto es suficiente para explicar que una vez que Jesús muere, la comunidad de fe se estructura y, en ausencia de parientes más cercanos, es su hermano el que hereda las riendas de dicho grupo.

## Capítulo 2

# LA VIDA PERSONAL
# DE JESÚS

### ¿Cuál era el oficio de Jesús?

IDENTIFICAR UN OFICIO en una época de antaño requiere revisar los estudios sociológicos contextuales e históricos. Al examinar los comentarios de Joachim Jeremías en su libro *Jerusalén en tiempos de Jesús*, estos nos ilustran que uno de los oficios más comunes en Galilea durante la época en que Jesús vivió era la carpintería. Un carpintero en ese tiempo era un hombre que se dedicaba aproximadamente seis meses a la agricultura y seis meses a la construcción de casas. En el tiempo de Jesús, no existía tal cosa como ebanistas o personas que trabajaban la madera de manera fina. En nuestros tiempos hay líderes religiosos y algunos predicadores que nos quieren hacer creer que Jesús tenía un taller de ebanistería para la elaboración de muebles finos y que con esos fondos sostenían el ministerio. Algunas de estas interpretaciones se utilizan para justificar ciertas posturas teológicas que promueven la prosperidad económica. Sin embargo, Jesús no era rico. No lo necesitaba. No le hacía falta. Él es Dios. Dios prospera, pero no hace falta la interpretación hueca de los textos para justificar esto. Un ejemplo de por qué no existían talleres de este tipo es que las casas del tiempo de Jesús no tenían muebles como las nuestras. Las mesas se levantaban alrededor de dos pies por encima del suelo y no se usaban sillas, pues las personas se sentaban en el suelo sobre cojines de tela. No existían camas de madera, ya que las personas dormían en el suelo sobre alfombras o tapetes. Conseguir madera para trabajarla era difícil y costoso. Resultaba más necesario invertir el tiempo trabajando la tierra para sobrevivir. Nuestra mentalidad occidental en muchas ocasiones nos impide ver las realidades de este mundo tan distinto y distante de nosotros. No obstante, ese es uno de los principales requisitos para interpretar un texto: entender el tiempo en que transcurre.

Las personas que se dedicaban a hacer muebles para las casas de los ricos en el tiempo de Jesús se llamaban artesanos. No todo el mundo era artesano, porque no había mucha demanda ni personas que pudieran pagar el trabajo. Los buenos artesanos llevaban a cabo su oficio para la élite y las personas acaudaladas. La mayoría de la gente en el tiempo de Jesús trabajaba con el objetivo de comer. No había dinero en abundancia para gastar en lujos, pues se pagaban cerca de siete tipos de contribuciones diferentes, muchas de las cuales existen hoy todavía en varios sistemas. Por esa razón, entre otras, los publicanos resultaban tan odiados.

Los carpinteros, en su mayoría, eran campesinos conocedores de la tierra y la vida campestre. Las casas que construían estaban hechas de piedras de grandes dimensiones que servían de cimiento. El techo era de paja o de ramas de palmeras. Las piedras se obtenían de la tierra que araban para sembrar. Este tipo de terreno requiere que se le eche agua para que la arena ceda y las piedras queden en la superficie. Luego, utilizando varios medios de arrastre, las llevaban al lugar de construcción para con el tiempo levantar sus casas. Por eso cuando Jesús insistía en que nadie que pone la mano en el arado y mira hacia atrás es apto para el reino de Dios (véase Lucas 9:62), sabía de lo que hablaba, pues lo había vivido. Además, utilizó este método de construcción para hablarnos sobre el verdadero creyente que levanta su casa sobre la roca.

Jesús era un carpintero de Galilea. Allí fue donde creció y por donde su ministerio se propagó sin límites. La gente con la que convivió estaba conformada por campesinos, aldeanos y habitantes de los pueblos menospreciados. Su vida giró alrededor de la tierra y la construcción. Por esa razón, al leer los Evangelios, todo lector puede apreciar que Jesús hablaba y utilizaba como ejemplos en sus discursos y muchas de sus parábolas conceptos como pajarillos, zorras, cuevas, tierra, semilla, sembrador, mostaza, trigo, cizaña, casa, cimiento y lirios, entre otras cosas relacionadas a sus vivencias como hombre de campo. Toda persona habla de aquello que forma parte de su vida y experimenta, de modo que quienes la escuchan puedan apreciar mejor el mensaje que quiere dar.

También se puede apreciar que su vínculo social era más cercano con los humildes y los pobres que con las personas que tenían poder, posición social, nombre o dinero. A estos, en cambio, les pedía que entregaran todas sus posesiones a los pobres para poder seguirle.

> Una de las enseñanzas más importantes en la vida de Jesús es que no importa hacia dónde uno se dirija, a dónde llegue o lo que conquiste, nunca debe olvidar de dónde salió.

Una vez que Jesús se entrega a su misión deja a un lado su oficio y comienza su ministerio itinerante. A pesar de ello, nunca dejó a un lado el recuerdo del lugar de donde salió. Una de las enseñanzas más importantes en la vida de Jesús es que no importa hacia dónde uno se dirija, a dónde llegue o lo que conquiste, nunca debe olvidar de dónde salió.

## ¿CUÁL ERA LA RELIGIÓN DE JESÚS? ¿CON CUÁL GRUPO RELIGIOSO SE IDENTIFICABA?

Jesús demostró, como todo buen judío, las mejores conductas y normas hasta donde le fue posible. El cumplimiento de la ley estuvo en controversia en varias ocasiones, pues si este implicaba hacer algo que iba en contra de su misión de amor o estaba falto de misericordia, Él aprovechaba para mostrar el verdadero espíritu de la ley. En el tiempo de Jesús, el cumplimiento de la ley por parte de los practicantes del judaísmo estaba en crisis. Es por eso que en algunas ocasiones Él demostraba con su conducta el mensaje contrario a

> La ley sin amor es puro legalismo. El amor sin la ley es libertinaje.

lo que se esperaba. La ley sin amor es puro legalismo. El amor sin la ley es libertinaje. De todas maneras, Jesús se formó en el judaísmo, y entre las prácticas que observaba como buen judío se hallan las siguientes:

1. Observaba la ley judía y la interpretaba desde la perspectiva de la misericordia.

2. Visitaba las sinagogas.

3. Leía la Torá (la ley judía) directamente de los rollos.

4. Instaba a los demás judíos a ser fieles a la palabra y los mandamientos.

5. Conocía y cumplía los mandamientos.

6. Era el cumplimiento de la ley y la profecía.

Estos detalles sobresalientes sobre su forma de actuar lo ubican en un lugar respetado entre los religiosos de su época. Hubiera sido bien difícil entablar discusiones teológicas con los grupos religiosos si no se tenía el conocimiento y la base esencial para debatir. Además de su conocimiento, la forma de interpretar la ley, la manera de aplicarla y la expresión poderosa de sus manifestaciones hicieron que Jesús fuera un líder religioso carismático para el pueblo y reformador para la estructura religiosa. A esto tenemos que añadirle que Jesús hizo milagros en todas las áreas posibles y nunca antes vistos, de modo que la gente le reconoció como un hombre de poder.

Cuando se estudia a una persona que tuvo tanta influencia en un ámbito religioso, es necesario conocer su mentalidad religiosa y teológica. Por eso, al considerar el estudio de la persona de Jesús, es menester ubicarlo en su contexto religioso real. Jesús no estaba iniciando una nueva religión con su ministerio. En principio, le enseñaba al mundo religioso de su época lo que Dios esperaba de ellos y cómo deberían hacerlo. Él estaba llevando a cabo una misión de grandes dimensiones espirituales, sociales, legales y comunitarias. El fenómeno de la religión, o sea, el cristianismo, ocurrió posteriormente con la proclamación de sus enseñanzas a través de sus discípulos y la conversión de los gentiles. Su obra es indiscutible y difícil de ocultar en la historia de la humanidad. Sin embargo, para lograr determinar el impacto genuino de la misma, resulta necesario, por no utilizar la palabra imperativo, que evaluemos su carácter como un judío fiel que era seguidor de la tradición en su tiempo y lugar.

El judaísmo tenía varias sectas y grupos, que a su vez se subdividían. Entre ellos se encontraban los fariseos, los saduceos y los esenios. Se reconocen también los herodianos, los zelotes y los escribas. Además, estaba la estructura sacerdotal que controlaba el gran Sanedrín judío con sede en el templo de Jerusalén. Jesús era más cercano en su mentalidad religiosa al grupo de los fariseos en términos de teología y fervor social. Una lectura de los Evangelios nos muestra cuáles eran las razones de los ataques de Jesús a este grupo. En sus discursos, Él nunca criticó su mentalidad teológica como hizo con los saduceos y otras sectas. La gran diferencia entre ellos y el motivo de sus señalamientos era la práctica que llevaban a cabo los fariseos producto de las interpretaciones subjetivas, críticas, arbitrarias y caprichosas de la letra de la ley. Es una tarea ardua tratar de convencer a grupos cristianos actuales de esta realidad debido a que no pueden entender, por las razones que sean, la necesidad de analizar los textos dentro del mundo judío. Jesús era judío y el grupo religioso más semejante a Él eran los fariseos. Ellos creían que vendría un Mesías, en la vida eterna, el juicio final y la manifestación de Dios sobre las personas. Su problema era la hipocresía, no la teología.

No debe haber controversia alguna en esta aseveración, por el contrario, nos enseña que podemos diferir de otra persona por su forma de pensar y aun así estar en el mismo grupo compartiendo muchas otras experiencias.

## ¿Perteneció Jesús a la
## comunidad del Mar Muerto?

Con el descubrimiento de los manuscritos del Mar Muerto a mediados del siglo XX se despertaron muchas interrogantes, la mayoría de ellas sensacionalistas para llamar la atención e intentar crear confusión entre los creyentes cristianos. Esta es una estrategia que utilizan los medios para crear controversia, ya que vende y genera ingresos. Antes del nacimiento de Jesús, existió un grupo llamado los esenios que son los autores y copistas de los manuscritos antes mencionados. Algunos eruditos han vinculado a Jesús con este grupo religioso, pero Él nunca intervino de forma alguna con ellos. La razón por la cual algunos eruditos han querido asociar a Jesús con este grupo es porque en los rollos del Mar Muerto se habla sobre un maestro de luz y justicia que tiene características parecidas a Él. Unido a esto, se difundió un fuerte rumor sobre un plan para que Jesús no muriera en la cruz. Se regó la voz de que habían crucificado al cirineo por equivocación y que los esenios se habían llevaron a Jesús secretamente hasta la región que Qumrán. Esta es la misma leyenda que adoptó el redactor musulmán del Corán, y entonces la incluyó en uno de los capítulos para explicar por qué razón Jesús no murió en la cruz. De esa forma dejaban fuera el sacrificio de la cruz y de paso la resurrección. Veamos algunos detalles sobre esta comunidad.

Los esenios fueron una comunidad de judíos religiosos que creían en apartarse del mal para no contaminarse. Para ellos apartarse del mal significaba no compartir con personas o lugares impuros de acuerdo con su interpretación de la ley judía. Proclamaban la purificación por medio del bautismo como el remedio perfecto para expiarse ante Dios. Los esenios se establecieron en las cercanías del Mar Muerto, en una región llamada Qumrán, cerca del año 27 a. C. En esa fecha fue cuando decidieron irse de Jerusalén debido a que no soportaron la corrupción de los religiosos en el templo. Hay tradiciones que alegan que estos religiosos, al irse de Jerusalén, hacían sus oraciones de espaldas a la ciudad en señal de indignación y apatía. Sus orígenes se remontan al año 150 a. C. hasta su exterminio a manos de los romanos un poco después de la destrucción de Jerusalén en el año 70 d. C. El grupo se desvinculó de su mundo social distanciándose del templo de Jerusalén, como mencionamos antes, por las actitudes y prácticas de los grupos religiosos pertenecientes a la élite. (Russell Pregeant, *Engaging the New Testament: An Interdisciplinary Introduction*.) Los rollos del Mar Muerto atribuidos a los esenios fueron descubiertos casualmente en el año 1947 por unos beduinos árabes en unas cuevas de Qumrán.

Entre las doctrinas teológicas más importantes de los esenios están las siguientes: la separación de las actividades con el mundo pecador para no contaminarse amparados en ideas puristas, la ausencia de relación con los gentiles, doctrinas secretas que le estaban vedadas a toda persona que no fuera de su secta, y doctrinas tradicionales del judaísmo. (Justo González.) Evaluemos las que tienen una tangencia directa y son pertinentes con relación a Jesús.

Los rollos de la comunidad de Qumrán contienen información sorprendente que ubican a esta secta en uno de los lugares más respetados del mundo religioso judío de su época. Entre dicha información se ha encontrado la adopción de un calendario solar diverso y no de uno lunar (que era utilizado para las fiestas), comentarios exegéticos, réplicas de los libros del Antiguo Testamento, leyes de la comunidad y un sinnúmero de himnos, entre otros documentos. También un escrito de Génesis y las fiestas del jubileo. (Penna.) Los esenios creían que las personas que gozaban de una relación con Dios debían arrepentirse de sus pecados, practicar un ritual de purificación mediante la inmersión en agua (Horsley y Hanson.) y vivir una vida apartada de todo elemento mundano. Ellos formaron una comunidad que consideraba llegar a la perfección por medio de una vida ascética a través de un nuevo pacto y la observancia estricta de la ley.

La conducta de la comunidad era única, según se expresa en los rollos que contienen información sobre las leyes comunitarias. Por ejemplo, el día en la comunidad esenia comenzaba con la oración individual. Antes de ella ninguno de los miembros de la comunidad podía emitirle palabra alguna a otro. Comían y vivían modestamente. Durante las comidas no se hablaba en grupos, sino que se hacía mediante turnos, y los ancianos de la comunidad tenían las primeras oportunidades.

Otro detalle interesante es la observancia estricta de la ley en lo que respecta a guardar el sábado. El valor de este factor es trascendental, pues uno de los debates más intensos relatados en los Evangelios muestra la conducta de Jesús con relación a guardar el día de reposo. Él y sus discípulos en varias ocasiones confrontaron problemas en cuanto a la práctica de esta ley, todo porque veían que se buscaba siempre la conveniencia de los intérpretes. Al no ser consistentes con la práctica, Jesús y sus discípulos recibieron las críticas de los líderes religiosos.

La esperanza escatológica de los esenios era la venida de un Mesías con el que Dios destruiría toda la iniquidad del mundo y castigaría a sus enemigos. (Raymond Brown, *Introducción al Nuevo Testamento*.) Ese regreso sería inminente, según ellos, y se daría en medio de una batalla entre las fuerzas del bien y las fuerzas del mal. (Pregeant.) Algo bien parecido al relato apocalíptico del Armagedón.

Su mayor desarrollo comunitario tuvo lugar durante el tiempo de Jesús. A pesar de que Jesús no hace mención de ellos categóricamente, algunas de las enseñanzas entre ambos grupos son similares. (Wampler Dee, *Trial of Christ: A Twenty-First Century Lawyer Defends Jesus.*) Por ejemplo: el partimiento del pan, la repartición de los bienes y el liderazgo del grupo de los Doce. En cuanto a Jesús, Él no podía ser esenio. Su conducta, en conformidad con los Evangelios, lo descalifica como parte del grupo.

Consideremos que Jesús comía y bebía con los pecadores. Creía en la redención del ser humano mediante la fe en Dios, no a través de rituales. Hablaba del reino de los cielos en combinación con la vida eterna. Esto lo ubica fuera del grupo más allá de toda duda razonable.

No obstante, si nos preguntáramos quién en ese tiempo era más a fin con los esenios, deberíamos contestar sin duda alguna que Juan el Bautista. En su práctica, registrada específicamente en el Evangelio de Lucas, se refieren a su discurso con palabras halladas en los rollos de los esenios. Específicamente las que tiene que ver con el *ritual del bautismo* y la *preparación para la venida del Señor*. Eso además de la vida solitaria que vivía en el desierto, de donde vino a proclamar su mensaje.

## ¿Cuáles eran las actividades favoritas de Jesús?

Jesús debe ser entendido, en su faceta humana, como un hombre de carácter ameno, sociable y amistoso. Hay ocasiones en que Él resulta interpretado y predicado en algunos círculos con una actitud ruda, legalista e intransigente, la cual no es compatible con su estilo ni su ministerio conforme al texto bíblico. En su caminar hay dos momentos que pueden ser los más cercanos a este estilo de conducta. El primero, la forma en la que maneja sus asuntos con los grupos religiosos de su época. El segundo, su manifestación de coraje en el templo contra la estructura de poder del judaísmo y el grupo de mercaderes conocidos como «los cambistas». Fuera de esos encuentros, los días de Jesús contiene más momentos de júbilo y alegría que ameritan ser considerados.

Una de las actividades favoritas de Jesús era comer con sus amigos en las casas de personas que la sociedad catalogaba como pecadores o que estaban marginadas socialmente. De hecho, en varias ocasiones los religiosos que seguían a Jesús para juzgarlo le preguntaron a los discípulos: «¿Por qué su Maestro come y bebe con pecadores?». Esto denota que a Jesús le encantaba compartir con personas marginadas socialmente y que de ninguna otra forma podían alcanzar el mensaje del amor de Dios a menos que fuera por medio de una visita a sus casas. Mirémoslo desde este punto de vista: a muchos se les impedía llegar a Dios mediante las actividades en el templo, sin embargo, Jesús no escatimaba en ir a las casas. Este es el caso de Zaqueo en la historia de Lucas 19:1–10.

> Una de las actividades favoritas de Jesús era comer con sus amigos en las casas de personas que la sociedad catalogaba como pecadores o que estaban marginadas socialmente.

Otra de las actividades favoritas de Jesús eran las celebraciones de las bodas y las fiestas. En su época, no todo el mundo podía hacer una boda de grandes proporciones y convertir la fiesta en una celebración de varios días.

Esto solo les era posible a los ricos de la época, los cuales pertenecían a uno de dos grupos: publicanos y religiosos. ¿Con qué propósito Jesús frecuentaba estas actividades? Por supuesto, Él no iba a las fiestas a embriagarse ni a formar escándalos, más bien, se trataba de una oportunidad para declarar su mensaje de misericordia. Él aprovechaba la fiesta para enseñar las diferencias entre las clases sociales y la lucha de poder entre ellas. A la misma vez, no perdía la oportunidad de atender a personas que independientemente de su poder, nivel económico o clase social, se mostraban sensibles a la voz de Dios. Es posible que el momento oportuno para que Jesús hablara fuera la fiesta.

Jesús también asistía a las sinagogas. La sinagoga era una especie de estructura religiosa en la que los judíos practicantes se reunían a leer la Torá, orar y ayunar. Allí todos juntos guardaban el sábado. Se daban clases para aprender la ley y se leía el Tanaj (Antiguo Testamento judío), la Torá (la ley judía y sus 613 preceptos), y el Talmud (una compilación de lecturas para apreciar mejor la ley), todos en hebreo. En muchas ocasiones, Jesús entraba a leer los rollos de la ley y guardar el sábado, lo cual implica que disfrutaba de su tiempo de estudio, oración y enseñanza. Él se agradaba de compartir con aquellos que se reunían en el lugar para llevar a cabo su actividad religiosa.

Jesús era un apasionado admirador del Mar de Galilea, el cual se halla en la región norte de Israel, que es la más rica en agricultura por la tierra fértil a causa de los llanos del valle del Jordán. Los textos y las historias relacionadas nos hacen suponer que pasó mucho tiempo en las áreas cercanas. Uno de sus lugares favoritos era Capernaum debido a la calidad de vida apacible y sosegada del lugar. Esta zona pesquera, de donde provenía Pedro, Andrés, Jacobo, Juan y María Magdalena, entre otros, se había convertido en un lugar placentero donde caminantes, viajeros y comerciantes posaban para luego continuar sus viajes. Es allí donde Jesús descansa y decide subirse a la barca para enfrentar una tormenta y luego tratar con el endemoniado gadareno. Tal cosa nos muestra que Él se tomaba un tiempo para descansar antes de ir a cualquier misión peligrosa.

No hay dudas de que si algo disfrutaba Jesús era atender a la gente e impartirle su amor y misericordia. Esto lo logró en muchas ocasiones. Él no tenía que hacer grandes manifestaciones de poder para lograr tal objetivo. En ocasiones solo con darles un poco de atención a las personas, escucharlas detenidamente, interesarse por sus problemas y brindarles una palabra de aliento lograba liberarlas. Ese es Jesús. No hay nadie como Él. La gente siempre fue y será primero que los puestos, títulos o bienes materiales.

## ¿ERA JESÚS UN HOMBRE RICO?

En el tiempo de Jesús existían dos clases sociales muy fáciles de identificar: la clase alta, que representaba cerca de 3% de la población, y la clase pobre, que constituía cerca de 95% de ella. Había otros grupos de personas que representaban cerca de un 2%, integrado por los pescadores, los soldados y los artesanos. Ellos pudieran considerarse como un tipo de clase media.

La clase alta estaba representada por los grupos políticos, algunos extranjeros, los publicanos y la mayoría de los líderes religiosos de aquella época. La clase pobre la conformaba prácticamente el resto de la población. Jesús no pertenecía a la clase alta, puesto que no poseía las características sociales de estas personas. Además, no era político ni publicano y no tenía negocio alguno. De hecho, estaba más cerca de los pobres, con quienes se identificó por su condición y circunstancias. A estos les ministró con sus palabras, comía con ellos y los atendía con amor.

Así que nos preguntamos, ¿de dónde proviene la ilusa idea de que Jesús era rico? En primer lugar, algunas personas interpretan inadecuadamente los textos bíblicos creando confusión y duda. Hay quienes alegan que Jesús era rico por varias razones. Una de ellas es que supuestamente tenía un manto de una sola pieza. Se alega que ese manto, el que le quitaron antes de la crucifixión, era de buena tela y fino, lo cual implica que debe haber costado bastante. La realidad es que aunque esto sea un dato que proviene de la misma Biblia, esta no explica si el manto fue un regalo o era propiedad original de Jesús. De todas formas, si este es el único dato sobre su supuesta riqueza, se requiere la interpretación de otros textos que pueden darnos mayor orientación. Ese manto no es el mismo que tocó la mujer del flujo de sangre (véase Lucas 8:40–57). El que llevaba en este relato era un manto judío de bajo costo que usaban los rabinos o maestros de la ley para distinguirse de los demás judíos. Usualmente era de dos colores, blanco con rayas azules, y los rabinos se lo ponían sobre la cabeza a la hora de orar. No tenía letras hebreas, ni flecos en las terminaciones. Tampoco letras de la Torá con poderes curativos. El que sana es Jesús, no los mantos.

El manto que Cristo llevaba el día de la crucifixión era el manto de un centurión romano. Jesús sufrió una grave experiencia antes de morir en la cruz. Se llamaba «el juego el tonto que quiere ser rey». Este es un ritual que celebraban los soldados romanos que estaban en las provincias lejanas. Se celebraba para humillar y destruir a los presos políticos que de acuerdo con el procurador se querían hacer pasar por alguien más grande que el César en términos políticos. En el caso de Jesús, a los soldados a cargo de su castigo corporal previo a la cruz no les interesaba o no sabían quién era Él realmente. Por lo tanto, cuando Jesús es entregado a estos soldados, ellos a quien ven es al tipo de persona por cuya culpa se mantienen lejos de Roma. Así que cuando lo recibieron lo someten a la humillación más cruel posible sin matarlo. En medio del ritual tienen que proclamarlo rey, así que le pusieron una corona de espinas, le entregaron un cetro, y además le colocaron un manto que le pertenecía a un centurión romano. Ese es el manto con el que Jesús llega a la cruz. Nunca fue de Él, sino del centurión. Por eso los romanos de la cruz, que no son los que venían con Jesús, jugaron suertes sobre el manto, ya que sabían que tenía valor. No se puede utilizar este dato para establecer que Jesús era rico.

Otra evidencia textual es el diálogo de Jesús con uno de sus seguidores potenciales. En una ocasión, un posible seguidor de Jesús se le acercó para decirle que lo seguiría a dondequiera que fuera (Lucas 9:57). Jesús contestó que Él no tenía dónde recostar su cabeza, lo que implicaba que no poseía propiedad alguna. En ocasiones ciertas personas han establecido que Jesús tenía una casa personal, pero su contestación denota la ausencia de bienes y la negación sobre ser el titular de una propiedad. En el tiempo de Jesús los solteros o van camino a casarse o viven con la familia. Si Jesús en alguna ocasión hubiera entrado a una casa que según alegan le pertenecía, con seguridad era propiedad de su familia. No podía ser de Él, porque entonces estaría casado. Además, es bien significativo la cantidad de veces en las que Jesús invitó a los ricos a renunciar a todo y entregarlo a los pobres. A sus discípulos los exhortó a dejarlo todo y seguirlo. Así que, ¿cómo puede ser rico alguien que invita a sus seguidores a despojarse de sus riquezas?

> Jesús contestó que Él no tenía dónde recostar su cabeza, lo que implicaba que no poseía propiedad alguna.

Si lo evaluamos desde otra perspectiva, una mirada a la situación real de Jesús desde su nacimiento hasta su muerte nos explica sin duda alguna que nunca tuvo nada de su propiedad. Todo lo que Jesús tuvo a su disposición, lo adquirió en calidad de préstamo. La barca, la canasta de panes y peces, el pollino para entrar a la ciudad, el aposento alto, la cruz y hasta la tumba fue todo prestado. Esto lo explicaremos con mayor precisión en la próxima pregunta. Aquí hay una gran lección para nosotros: Jesús nos muestra que no es necesario ambicionar lo material y que debemos considerar que lo realmente valioso estaba en el reino de los cielos.

En sus discursos, Él nunca ofreció riquezas materiales a ninguno de sus seguidores, sino que ministró conforme a su creencia. Además, no existe un registro histórico ni bíblico en el que se valide que Jesús haya hecho rico materialmente a alguien durante su ministerio. Ninguno de sus discípulos cambió su estado socio económico de pobre a rico por seguir a Jesús. Por el contrario, ellos murieron en cárceles, desamparados, decapitados y ejecutados, creyendo que perdiendo la vida ganaban el Reino.

Concluyo en este párrafo que Jesús era un campesino de Galilea, un hombre sencillo sin dinero ni propiedades, que cuando llegó a Jerusalén se levantó contra los poderosos y ellos escogieron matarlo a fin de que no siguiera representando una amenaza para sus fines comerciales. ¿Por qué? Porque nadie de la élite religiosa de esa época iba a permitir que un insignificante galileo los insultara en público, aún más sabiendo el impacto que esto tendría en su poder, control y riquezas. Además, Jesús al morir no dejó ningún bien material que heredar, porque no tenía nada.

## ¿Cuántas propiedades
## o bienes tuvo Jesús?

Esta es una de esas preguntas que surge a consecuencia de las múltiples interpretaciones equívocas de algunos líderes y movimientos teológicos actuales. En esas interpretaciones se presenta a un Jesús poderoso económicamente. Se habla de Él así porque de esa forma pueden justificar las posturas teológicas de líderes religiosos que confunden lo que es provisión con prosperidad. Algunas de las expresiones que más impacto han tenido en nuestra época son aquellas que están relacionadas con un Jesús aparentemente rico y con mucho poder adquisitivo. En ocasiones hay pensadores cristianos que han hecho manifestaciones de la riqueza de Jesús, utilizando como referencia su supuesta casa en Capernaum, el manto de una sola pieza y el nombre de Señor como título de nobleza o realeza.

Todas estas expresiones responden a interpretaciones manipuladas y relacionadas con los intereses materiales, como hemos expuesto previamente. No hay nada más cierto que el hecho de que Jesús era un campesino de Galilea.

Evaluemos la vida y el ministerio de Jesús para que nos percatemos de cómo fue en todo momento. Su nacimiento está enmarcado en un escenario de pobreza. Su cuna resultó ser un pesebre donde se les coloca el pasto a los animales del campo en una gruta de Belén. Si José era carpintero, ese sería el mismo oficio de Jesús al llegar a ser adulto. Cuando José fue a presentar a Jesús, llevaron dos palomillas conforme a la ley. Los ricos llevaban un cordero, los pobres llevaban tórtolas o palomillas (Mateo 2:24 y Levítico 12:6–8). ¿Por qué pasaron tanta necesidad? Porque los carpinteros de esa época eran agricultores y constructores de casas de paja, lodo y piedra. Jesús dio muchos paseos por el Mar de Galilea, pero nunca compró un bote, lo cual es bien raro, ¿no? En realidad, no le hizo falta, pues Él tenía amigos que poseían botes para suplir su necesidad de pasar a la otra orilla. Estoy seguro de que si en algún momento hubiera comprado un bote, tendría que haber dejado de predicar, ya que habría necesitado tiempo para cuidarlo y mantenerlo.

Estando en Jerusalén, le hizo falta un pollino para su entrada triunfal a la ciudad. Jesús comisionó a sus discípulos para que fueran a pedirlo prestado, ya que solo lo necesitaba para ese momento. A fin de cumplir con esa misión no había que invertir en el pollino, simplemente buscar aquel que estaba disponible, y ellos lo hicieron. A la misma vez, Jesús entendió que era meritorio celebrar la Pascua con sus discípulos. De esa forma se las agenciaron y consiguieron un local, pero una vez más, el mismo era prestado. De igual manera sucedió con la cruz en la que fue crucificado. Esa cruz nos pertenece a todos nosotros que somos pecadores, y Él la tomó prestada para vencerla de una vez y por siempre (Isaías 53). Finalmente, sabiendo que habría de resucitar como le había dicho a sus discípulos, cuando murió hasta la tumba le prestaron. Esta tumba era de José de Arimatea.

Es triste y preocupante que algunos líderes actuales consideren que Jesús fue un hombre rico. Si esto hubiera sido así, muchas de las historias del Nuevo Testamento no tendrían sentido. Él llevó a cabo su ministerio sin nada, pero todas las necesidades fueron suplidas mediante su poder para solicitar aquello que era necesario, no importa si era prestado.

En cuanto a la casa, debemos explicar que Jesús cuando la menciona hace referencia a la casa de su familia. Solo las personas casadas, las viudas con hijos o los hermanos que vivían juntos tenían propiedades. Las demás personas vivían en círculos familiares agrandados, lo cual se lograba añadiendo segmentos a la casa principal. Es como por ejemplo el caso del adulto soltero que vive con sus padres e invita a sus amigos a su casa.

El asunto del manto resulta más interesante aún. Jesús poseía, según la Biblia, un manto de una sola pieza. Esto supone un manto fino, ya que los soldados romanos echaron suertes para llevárselo. Nadie ha podido constatar que Jesús comprara el manto, es más fácil pensar que alguien se lo regaló en señal de agradecimiento por una acción. ¿Qué tal si se lo regaló el centurión romano por la sanidad de su siervo, o María Magdalena por su liberación, o quizás Lázaro por su resurrección? O tal vez le pertenecía a uno de los soldados romanos, quién se lo colocó a modo de burla para escenificar al Rey de los judíos antes de su crucifixión. Sea como sea, no existe un registro sobre la persona de

Jesús o sus discípulos para determinar que tenían dinero o estaban en una mejor posición económica que los demás.

En cuanto al título de Señor, *kyrios* en griego, este no es uno que responda a la nobleza o realeza necesariamente. Se trata de un título de respeto y distinción, que son categorías diferentes. Podemos distinguir a una persona por sus cualidades y reconocer su lugar entre nosotros, como sucedería con un maestro de la ley, un rabí o un académico, entre otros. Esa distinción no tiene nada que ver con su nivel económico o su clase social. Sin embargo, el título de realeza o nobleza estaba destinado a las personas que pertenecían a la clase alta o eran ricas. Además, este concepto también se reconoce para designar a un dueño o amo. Este no es el caso de Jesús, por lo que su reconocimiento como Señor se debió al respeto que infundió. Con esta información en mente concluyo que Jesús no era rico, no tenía propiedades, y vivió de forma humilde y sencilla.

### ¿EXISTIÓ ALGUNA RELACIÓN ENTRE JESÚS Y MARÍA MAGDALENA?

Con la publicación de la novela *El código Da Vinci*, de Dan Brown, y luego con la película, se resucitaron viejos debates y controversias en contra del cristianismo. Una de las polémicas más intensas tiene que ver con la supuesta relación amorosa entre Jesús y María Magdalena. Esto alcanzó auge, pues toda controversia con la figura de Jesús siempre producirá buenos dividendos en nuestra sociedad. Pero, ¿quién realmente era María Magdalena? Esa es una de las primeras preguntas que debemos hacernos.

María Magdalena era una mujer de la región de Magdala, que estaba cerca de Capernaum. Su nombre en el original hebreo era Miriam de Magdala. Según la tradición histórica era rica, pues su padre era uno de los hombres con mayor poder económico de la región. No obstante, según el relato bíblico, estaba poseída por siete demonios y Jesús la liberó mediante un acto de poder y misericordia. Su agradecimiento por la libertad que había recibido la llevó a convertirse en una fiel seguidora de Jesús, como otras tantas mujeres que le ayudaban en el ministerio. Conforme a la tradición cristiana, hubo mujeres que seguían a Jesús y que se identifican en los textos bíblicos, como por ejemplo las que fueron al sepulcro a perfumar su cadáver.

No tenemos ningún registro bíblico de María Magdalena después del libro de Hechos, pero eso no quiere decir que no participara de las actividades con los discípulos. Sin embargo, aparece en otros documentos primitivos. En estos recuentos históricos se muestra como una líder indiscutible, promoviendo el evangelio y fundando iglesias. Sus fondos provenían de los negocios de su padre, que era pescador en toda la región. En tiempos recientes se han realizado descubrimientos arqueológicos impresionantes en la zona, entre ellos una sinagoga del tiempo de Jesús. Su nombre y persona aparecen en un escrito gnóstico llamado el Evangelio de Felipe, donde se describe un encuentro entre María Magdalena y Jesús en el cual se recibieron con un beso, y se plantea que ella engendró de Él.

Este beso no representa ninguna sorpresa, ya que en muchos lugares del Medio Oriente es una tradición saludarse de tal manera. Recordemos que Judas entrega a Jesús con un beso en la mejilla, asunto que no debió asombrar a nadie. La tradición gnóstica pertenecía a un grupo de personas que perseguía alcanzar la más alta espiritualidad o el camino hacia la deidad. En estos círculos, Jesús es la expresión máxima a imitar. Entre ellos no existía la unión sexual y lo más cercano a un contacto físico era un beso para saludarse. En cuanto a la idea de que «engendró», se refiere a que recibió revelación de parte de Jesús, que es esencial para alcanzar la cumbre espiritual que el gnosticismo de la época predicaba.

Este relato apócrifo del beso es lo único que existe escrito. Fuera de él, no hay ninguna otra evidencia que nos pudiera indicar la veracidad de una relación entre ellos. Incluso este dato escrito no es suficiente como prueba fiel para establecer la existencia de una supuesta relación entre Jesús y María Magdalena. Solo podemos concluir que se trata de una invención ficticia y creativa de Dan Brown en su novela *El código Da Vinci*, lo cual es aceptable, porque uno de los elementos esenciales de una novela es la ficción.

Resulta difícil pensar y aceptar que un hombre como Jesús, con una fama tan notoria, en medio de un movimiento conformado por tantas personas, no haya sido detectado previamente manteniendo una relación amorosa con María

Magdalena. Aun más, que trescientos años después en el Concilio de Nicea los obispos quisieran hacer desaparecer una historia que no existía. Se requiere una conspiración de proporciones astronómicas para ocultar una historia de esa magnitud, silenciando a millones de seres humanos para que no hablaran y eliminando cientos de textos para que desapareciera esta supuesta historia de amor. Es más fácil aceptar que nunca fue verdad y que no hay una evidencia certera ni directa o indirecta de esta falacia.

Jesús no tuvo esposa. Jesús no era un hombre casado. Su misión lo mantuvo fuera de la posibilidad de formar una familia a la que hubiera hecho sufrir sabiendo a lo que a la larga se enfrentaría. Esto no implica que la decisión de estar acompañado fuera mala o pecaminosa, se trata simplemente de que no tenemos evidencia para validar si tuvo una relación con alguien, ni siquiera con María Magdalena.

> Su misión lo mantuvo fuera de la posibilidad de formar una familia a la que hubiera hecho sufrir sabiendo a lo que a la larga se enfrentaría.

Por otra parte, debemos señalar que María Magdalena fue una figura muy conocida en los círculos de los cristianos gentiles del siglo I. Conforme a la tradición de ese tiempo, su aportación a las iglesias en el Asia Menor fue impresionante, y se cree que fundó algunas de las iglesias de la región. Esto pudo ocurrir debido a que ella no era muy bien recibida en los círculos de los judíos creyentes de Jerusalén y pertenecientes al círculo primario solo por ser mujer y estar cerca de Jesús como su seguidora.

## ¿Existía alguna razón por la cual Jesús no podía hablar en público?

Jesús tenía un gran problema social: su relación paternofilial con José. Ya hemos establecido que José no era el padre de Jesús. Además, hicimos referencia a que solo los creyentes pueden admitir la creencia en la concepción virginal que promulga la iglesia. Nosotros creemos que la concepción virginal es un acontecimiento que se acepta por medio de la fe y es la teología quien está llamada a superar los desafíos que genera dicho milagro. Por lo tanto, se requiere evaluar el efecto que tuvo ese suceso en el ministerio de Jesús desde el punto de vista de sus acusadores, es decir, que lo consideraremos desde la perspectiva de los enemigos de Jesús.

La ley judía establecía que una persona cuyo padre se desconoce no tenía derecho a hablar en público, puesto que no contaba con un progenitor que lo respaldara. (Joachim Jeremias.) De hecho, quien lo hacía en contra de su familia, se exponía a verse acusado de ser un hijo rebelde. (Albert Nolan, *¿Quién es este hombre? Jesús antes del cristianismo.*) Geza Vermes plantea que al evaluar el texto original, la pregunta que se hace en Mateo 13:55: «¿No es éste el hijo del carpintero?», bien pudo haber sido: «¿Quién es el padre de éste?». (Geza Vermes, *Jesús el judío.*) De ese modo podemos entender mejor el cuestionamiento que sus acusadores le hicieran: «¿Con qué autoridad haces estas cosas?» (Mateo 21:23). Jesús no se quedó sin responder y su respuesta le causó serios problemas. Cuando Jesús fue confrontado por los líderes de la sinagoga sobre la legitimidad paternal de José o el desconocimiento de quién era su padre, Él respondió con su verdad: «Yo soy el Hijo de Dios», fomentando la ira de sus detractores. De todas formas, hablar en público siendo un hijo ilegítimo según sus perseguidores no era un delito castigado con la pena capital. Por lo tanto, debe ser clasificado como una conducta impropia que puede llegar a una corte religiosa regional, imponiéndosele alguna sanción mínima. Sin embargo, sus enemigos no iban a exponerse a ello sabiendo que el pueblo respaldaba su ministerio y reconocía la autoridad con la que Jesús hablaba, por lo que de alguna forma estaban dando su consentimiento tácitamente para evitarse un problema con el pueblo.

## Capítulo 3

# LA MISIÓN, EL MINISTERIO Y EL MENSAJE DE JESÚS

### ¿Cuál era la misión real de Jesús?

Todo ser humano tiene una misión o un propósito, y su mayor objetivo es descubrirlo. En el caso de Jesús esto fue simple. Él siempre tuvo clara su misión en la tierra. Es una lástima que predicadores y profesores se alejen de la realidad de esta misión. Cada vez que esto ocurre, nos exponemos a interpretar el propósito de su venida a la tierra de forma equivocada. Sin embargo, necesitamos entender su misión, y para lograrlo debemos enfocarnos en la propia confesión personal de Jesús. No podemos dejarnos llevar por sus obras o las expresiones de los demás. Es el propio Jesús quien nos lleva de forma directa a la realidad de su misión particular.

La frase clave que describe la misión de su ministerio se encuentra en Lucas 19:10. Allí, en la casa de Zaqueo, a la que Él mismo se invitó para comer con el pecador más despreciado de la región, Jesús se pone en pie y proclama que vino a salvar lo que se había perdido. Este mensaje de Jesús no puede interpretarse de una manera distinta. Él está estableciendo que su prioridad es buscar a las personas que se sienten rechazadas por la sociedad, a los perdidos y marginados por todas las razones posibles. Él tiene la misión de proclamar un mensaje para acercarlos al camino de la salvación y hacerlos ciudadanos del reino de los cielos.

Tal mensaje provoca en sus enemigos el fuerte deseo de matarlo debido a la cantidad de efectos que tiene sobre la sociedad que ellos dominan. Por eso, al entregar la vida, Jesús abre la puerta de la salvación, para que toda persona que crea en Él no se pierda, sino tenga una vida eterna (véase Juan 3:16). El milagro más grande de Jesús radica en su poder para aceptar a las personas tal como son y de esa forma salvarlas. Él no pone prerrequisitos para aceptar a alguien.

> El milagro más grande de Jesús radica en su poder para aceptar a las personas tal como son y de esa forma salvarlas.

En algunas ocasiones, Jesús tuvo que anunciar su muerte venidera, incluyendo la forma en la que habría de morir. Su pronóstico nunca tuvo la intención de alarmar, más bien buscaba proyectar la seguridad que tenía con respecto a la misión que vino a realizar. Es en el huerto de Getsemaní, conocido como el lugar de la prensa, donde Jesús se enfrenta por última vez con las consecuencias de su misión. Allí le pide al Padre que le permita continuar para cumplir su voluntad. Entonces, una vez que terminó de orar, fue rumbo a la cruz sin titubear a fin de obtener la victoria para siempre.

La interpretación bíblica sufre cambios que dependen en esencia de los intereses que las personas tengan. Hay ocasiones en que esos intereses son distintos al verdadero propósito que Jesús refleja en la Biblia. Debido a este tipo de interpretación, algunos olvidan mencionar la verdadera misión de todos los hijos de Dios: amar al pecador, atender al necesitado, perdonar al que ofende, ayudar al que está en desventaja, entre otras formas de expresar amor. Pensemos por un instante, ¿de qué le vale a un enfermo sanarse de su condición, si al final no puede reconciliar su vida con Dios? Es por eso que todos los demás actos de Jesús deben ser considerados como demostraciones de poder en busca de una oportunidad para proclamar el amor. En otras palabras, todo milagro está asociado con el amor de Dios por el ser humano.

En el caso de Jesús, Él es el mensajero y el mensaje a la misma vez. Todas sus acciones hablaban de Dios y demostraban su amor. Su palabra

> En el caso de Jesús, Él es el mensajero y el mensaje a la misma vez.

complementaba su obra. No había distancia entre el amor al pecador y la compasión que manifestaba en su conducta mediante su misericordia. Su mensaje alcanzó a extranjeros, enfermos, desamparados, niños, mujeres, prostitutas, publicanos corruptos, pobres y ricos de todas las clases. Porque todo el mundo necesita ese mensaje de perdón y de restauración. En resumen, Jesús vino a proclamar el mensaje del amor de un Dios que salva al ser humano, sin importar su condición. Crucificaron al mensajero pensando que acabarían con el mensaje, pero al resucitar, el mensaje resucitó juntamente con Él.

## ¿En qué consistía el ministerio de Jesús?

Jesús desarrolló un ministerio de predicación y poder por toda la región de Galilea. Esta es la región que ocupa todo el norte de Israel. Su ministerio de predicación estaba centrado, básicamente, en dos pilares. El primero era el mensaje de salvación que buscaba la reconciliación del ser humano con el Dios de amor. El segundo era el mensaje dirigido a mejorar las relaciones humanas mediante el amor y la comprensión. En este caso, Él hizo el mayor énfasis en amar al prójimo y mostrar misericordia a los pobres.

El ministerio de Jesús consistió en predicar de manera itinerante, es decir, Él iba de un lugar a otro llevando un mensaje específico a todos los que querían escuchar. La tradición bíblica nos explica que su ministerio comenzó a los treinta años de edad, culminando a los treinta y tres con su muerte en la cruz, aunque sabemos que resucitó al tercer día.

Ya mencionamos que el mensaje de Jesús estaba matizado por dos líneas de pensamientos que se interrelacionan. La primera, amar a Dios sobre todas las cosas. La segunda, amar al prójimo como a uno mismo. Al mirar de cerca su predicación, nos damos cuenta de que Él no tenía ninguna intención de formar una nueva secta religiosa y mucho menos de instituir una religión. En esencia, Jesús quiso establecer los conceptos religiosos en el orden que corresponde y proclamarlos para la salvación del alma.

Su mensaje representaba una esperanza para la mayoría de sus seguidores cuando podían entender que después de esta vida terrenal habrá una vida eterna sin sufrimientos. Cuando una sociedad no tiene formas de sobrevivir a la pobreza, la criminalidad, las enfermedades y las crisis sociales, el mensaje de esperanza de una vida de paz se convierte en un factor decisivo para seguir a ese líder.

Además, el mensaje de Jesús presentaba con autoridad el verdadero amor de Dios hacia el ser humano. Era un mensaje de aceptación que no forzaba al ser humano a cambiar primero. Más

> Su mensaje representaba una esperanza para la mayoría de sus seguidores cuando podían entender que después de esta vida terrenal habrá una vida eterna sin sufrimientos.

bien, constituía una invitación inicial a sentirse aceptado con el objetivo final de ser transformado a la larga por el poder de su amor incondicional. A la misma vez, manifestaba la misericordia de Dios como un acto de acercamiento para hacerle ver al ser humano que antes de condenar, Dios siempre piensa en perdonar. Este mensaje cobraba vida en el corazón del pecador oprimido por las diversas mentalidades religiosas que atacaban constantemente a una persona en crisis. Este mensaje le daba esperanza al ser humano en medio de su vida diaria llena de problemas.

Jesús presentó esa faceta de Dios que los grupos religiosos que ostentaban ser los dueños absolutos de la interpretación de las Escrituras habían escondido intencionalmente durante décadas. Ese rostro que puede ser imaginado en la persona del padre que sufre la crisis de su hijo, según narra la parábola del hijo pródigo. Un reflejo de ese Dios que ama y recibe con los brazos abiertos a quien llega a Él sin importar condición alguna.

Las narrativas de Jesús ofrecen información sobre milagros de sanidad, resurrección y liberación, entre otros. No obstante, la misión principal de su ministerio no era sanar enfermos, resucitar muertos, ni echar fuera demonios, sino atraer al necesitado a los pies de Dios mediante su intervención directa.

Piense por un momento y pregúntese en cuántas ocasiones Jesús le habló con tono ofensivo a los pecadores, o por lo menos cuándo los juzgó por sus actos. La respuesta es simple: nunca. Él ni siquiera los llamó con nombres despectivos. Al contrario, comían juntos, visitaba sus casas y compartía sus actividades, porque esa era la única forma de llegar a ellos sin discriminarlos. No obstante, el mensaje más crítico de Jesús fue contra la hipocresía. Él protestó contra aquellos que hablaban una cosa, pero hacían otra. Su voz censuró a los hipócritas de su época, especialmente si representaban a la clase religiosa.

Podemos establecer una lista con las prioridades del ministerio de Jesús, la cual nos ayudará a comprender mejor su misión.

1. Predicar sobre la salvación del alma.

2. Poner en práctica la justicia social desafiando la realidad que vivía.

3. Hacer discípulos y capacitarlos.

4. Realizar milagros divinos.

5. Declarar con claridad y sencillez el mensaje del amor de Dios.

6. Mantener todo el tiempo una postura llena de valor ante sus enemigos y los grupos religiosos.

7. Dedicarse a conocer y entender el tiempo que le tocaba vivir para utilizarlo como apoyo a su mensaje.

8. Proclamar un mensaje que ayudara a mantener la fe en contacto con nuestros principios.

En síntesis, el ministerio de Jesús estuvo centrado en predicar un mensaje de amor a todos los necesitados y disciplinar a quienes no estaban haciendo la voluntad de Dios. Este mensaje nos pedía amar a Dios en primer lugar y a nuestro prójimo como a nosotros mismos.

## ¿Es cierto que Jesús tenía poder para sanar a los enfermos?

El recuento bíblico del ministerio de Jesús menciona una serie de milagros de sanidad que llevó a cabo. Eruditos como Geza Vermes, John Dominic Crossan, Joachim Jeremias, entre otras fuentes como Flavio Josefo, afirman que Jesús era admirado por el poder sanador que manifestaba sobre los enfermos. No es de extrañarse que esto ocurriera en Israel y mucho menos en Galilea, ya que hombres como Elías y Eliseo, que provenían de la misma estirpe profética de Jesús, vivieron en esa zona y realizaron milagros llenos de poder.

Hay estudiosos que para poder corroborar la información se hacen algunas preguntas clave: ¿Existían otras personas que hacían milagros en el tiempo de Jesús? ¿Qué dijo Él al respecto? ¿Qué otro tipo de poder existía? ¿Cuál era la diferencia entre ellos?

Comencemos pues con las explicaciones a estas preguntas previas. En el tiempo de Jesús, y desde antes, existían personas con poderes curativos. No tenemos información certera en cuanto a de dónde provenía su poder, pero en los Evangelios (Marcos 9:38–41) se relata que las hubo. En esa ocasión los discípulos le informaron a Jesús de un hombre que estaba expulsando demonios en su nombre, pero no era del grupo de ellos. Cuando le contaron que se lo habían impedido por no pertenecer al grupo, Jesús les indica que aquel que no está en su contra, más bien está con Él. Por lo tanto, había otras personas haciendo milagros o sanando enfermos, aunque no caminaban con Jesús. Entonces, si existían otros hacedores de milagros, es más fácil creer que Jesús también los hizo. La diferencia es que un milagro hecho por Jesús es parte de un plan perfecto que Dios tiene con la vida de ese ser humano.

Por otra parte, en ese mismo tiempo había magos que practicaban su magia a cambio de dinero. Algunos tenían poderes extraordinarios, como el personaje de Simón el mago que se menciona en el libro de Hechos (véase Hechos 8:9–24). Este hombre quería comprarles a los apóstoles el poder que les confería el Espíritu Santo para hacer comercio con él. Algunos de estos individuos tenían conocimientos curativos mediante el uso de brebajes, hierbas y especias. Hacían conjuros a los espíritus y las deidades mistéricas buscando fama y fortuna. Jesús no tenía que recurrir a ningún truco. En Él residía el poder de Dios para hacer la obra de sanidad necesaria en los seres humanos. Jesús no buscaba fama ni fortuna, sino un medio por el cual otras personas creyeran en Dios y su amor.

Existe una diferencia esencial entre un acto de magia y un milagro. La misma estriba en que los actos de magia son para entretener, impresionar, ganar dinero, tener prestigio y alcanzar otros beneficios. Un milagro es la expresión del amor de Dios mediante una manifestación de su poder sobre alguien que no tiene posibilidad alguna de lograr lo que necesita. Note que he escrito «lo que necesita» y no «lo que quiere». Existe una distancia significativa entre ambas expresiones. Un acto de magia no va dirigido a atender una necesidad específica, más bien busca el cumplimiento de un objetivo que involucre asombro y sensación. Un milagro tiene un propósito fundamental que está vinculado a la fe.

> Un milagro tiene un propósito fundamental que está vinculado a la fe.

Jesús realizó milagros de sanidad, algunos de ellos impresionantes para su época. Los milagros con los ciegos, la mujer del flujo de sangre, la mujer encorvada, el paralítico de Betesda, entre otros, son algunos de los que sobresalen.

Añadamos los milagros de sanidad de la mujer cananea o sirofenicia y el hijo del noble, en los cuales Jesús dice la palabra y el milagro ocurre a la distancia. Su poder es indiscutible. La validez de su poder está en que hoy su iglesia lo heredó. Si nosotros podemos ser instrumentos de su poder sanador o recipientes del mismo, es a consecuencia de la obra poderosa que desató en su época.

Sus milagros de sanidad siempre implicaban el acercamiento de Dios al ser humano para expresarle su amor y que pudiera conocer su voluntad.

> Sus milagros de sanidad siempre implicaban el acercamiento de Dios al ser humano para expresarle su amor y que pudiera conocer su voluntad.

## ¿QUIÉNES FUERON LOS DISCÍPULOS DE JESÚS?

Al igual que cualquier otro maestro de la vida, Jesús tuvo discípulos. El concepto «discípulo» implica ser aprendiz del maestro que lo llama. En Marcos 3:13–19 se nos informa que Jesús tenía varios discípulos, más de doce, y que en ese momento seleccionó a los que conformarían el círculo íntimo ministerial. Este grupo de seguidores fue el más cercano a Jesús. Eran conocidos como el grupo de los Doce, según los Evangelios. La tradición nos relata que se trataba de un grupo bien definido en el ministerio de Jesús y que posterior a su resurrección pudo organizarse con la ayuda del Espíritu Santo para continuar con el ministerio. Esto no quiere decir que no hubiera más discípulos. Existen múltiples referencias bíblicas sobre la cantidad de personas que sirvieron a Jesús en su ministerio. En Lucas 10:1 se nos informa de la selección de otros setenta discípulos para enviarlos de dos en dos por las aldeas. Además, existen varias referencias relacionadas a discípulos secretos que no revelaron su identidad, pero sirvieron a los propósitos del Reino, como Nicodemo y José de Arimatea, según el Evangelio de Juan (véase Juan 19:38–39).

La cita bíblica más relevante que nos informa los nombres de estos doce discípulos es Marcos 3:14–19. Allí se enumeran los nombres de cada uno y las razones por las que los convoca.

> Y estableció a doce, para que estuviesen con él, y para enviarlos a predicar, y que tuviesen autoridad para sanar enfermedades y para echar fuera demonios: a Simón, a quien puso por sobrenombre Pedro; a Jacobo hijo de Zebedeo, y a Juan hermano de Jacobo, a quienes apellidó Boanerges, esto es, Hijos del trueno; a Andrés, Felipe, Bartolomé, Mateo, Tomás, Jacobo hijo de Alfeo, Tadeo, Simón el cananista, y Judas Iscariote, el que le entregó.

De estos doce discípulos, la gran mayoría eran pescadores, los más notorios de la región resultaban ser Pedro,

Andrés, Jacobo y Juan. Es muy probable que trabajaran en equipo para cumplir con las encomiendas del oficio.

La contestación a esta pregunta es más larga que las que le he dado al resto de las interrogantes que aparecen en este libro, ya que los discípulos o apóstoles de Cristo fueron las piedras fundamentales de su iglesia, y a la vez prueba contundente de la existencia de Jesús. Parte de la evidencia disponible proviene de la tradición, que es la fuente primaria en ausencia de una fuente escrita, a excepción del Nuevo Testamento. En Apocalipsis 21:14 se indica que los doce cimientos del muro de la Nueva Jerusalén tendrán inscritos en ellos los nombres de los doce discípulos (o apóstoles). Por lo tanto, resulta evidente que nuestro Señor les atribuye gran importancia a estos hombres. El objetivo que persigo con esta información es validar la vida de estos seguidores de Jesús que con su testimonio catapultaron el evangelio más allá de las fronteras de la región de Palestina. Entiendo que son los modelos esenciales para la estructura de la iglesia en nuestros tiempos, permitiéndonos alcanzar las metas que Jesús tenga para nosotros al entender que ya otros fueron capaces de lograrlas. Estos hombres cambiaron la trayectoria del mundo poniendo el nombre de su Maestro en alto.

Andrés era el hermano de Pedro, e hijo de Jonás. Vivió en Betsaida y Capernaum y era pescador antes de que Jesús lo llamara. Originalmente fue un discípulo de Juan el Bautista (Marcos 1:16–18). Andrés trajo a su hermano Pedro a Jesús (Juan 1:40). Él es el primero en tener el título de

«Misionero en casa y en el extranjero». Tres países lo reclaman como su Santo Patrono: Rusia, Escocia y Grecia. Varios estudiosos dicen que predicó en Siria, Grecia y Asia Menor. Él trajo a otros a Jesús también. Aunque las circunstancias lo colocaron en una posición donde podría haber sido fácil para él llegar a sentirse celoso y resentido, se mostró optimista y estuvo contento con ocupar el segundo plano. Su principal propósito en la vida fue traer a otros al Maestro.

De acuerdo con la tradición, Andrés murió como mártir en Acaya, Grecia, en el pueblo de Patra. Cuando la esposa del gobernador Aepeas fue sanada y se convirtió a la fe cristiana, y poco después también lo hiciera el propio hermano del gobernador, Aepeas se enojó mucho. Él ordenó el arresto de Andrés y lo condenó a morir en una cruz. Andrés, sintiéndose indigno de ser crucificado de la misma forma que su Maestro, suplicó que su cruz fuera diferente. Así que lo crucificaron en una cruz con forma de X, la cual hasta el día de hoy es llamada la cruz de San Andrés y es uno de sus símbolos apostólicos. También se usa un símbolo de dos peces cruzados para referirse a Andrés, ya que él era pescador originalmente. Esta es la razón por la cual algunas personas piensan que ese era el tipo de cruz original, pero no es así.

Bartolomé Natanael, hijo de Talmai, vivió en la región de Caná de Galilea. La tradición dice que fue misionero en Armenia. Un número de estudiosos cree que fue el único discípulo que tenía sangre real o provino de una familia noble. Esto se debe a que su nombre significa «hijo de Tolmai o Talmai» (2 Samuel 3:3). Talmai fue un rey de Gesur, cuya hija, Maaca, fue esposa de David, madre de Absalón.

El nombre de Bartolomé aparece en cada lista de los discípulos, por lo menos en cuatro libros del Nuevo Testamento (Mateo 10:3; Marcos 3:18; Lucas 6:14; Hechos 1:13), dando a demostrar la validez de su presencia entre los discípulos. Sin embargo, este no era su primer nombre, sino el segundo. Su primer nombre probablemente era Natanael, a quién Jesús llamó «un verdadero Israelita, en quien no hay engaño» (Juan 1:47).

El Nuevo Testamento nos da muy poca información sobre él. La tradición indica que fue un gran investigador de la Escritura y un estudioso de la ley y los profetas. Se transformó en un hombre con una entrega completa al Carpintero de Nazaret, y en uno de los misioneros más aventureros de la iglesia. Se dice que predicó con Felipe en Frigia y Hierápolis, también en Armenia. La iglesia de Armenia lo reclama como su fundador y mártir. No obstante, la tradición afirma que predicó en India y su muerte parece haber tenido lugar ahí. Murió como un mártir por su Señor. Fue despellejado vivo con cuchillos.

Jacobo o Santiago, el Anciano, Boanerges, hijo de Zebedeo y Salomé y hermano de Juan el apóstol era un pescador que vivió en Betsaida, Capernaum y Jerusalén. Predicó en Jerusalén y Judea y fue uno de los miembros del círculo interno, llamado así porque estaba formado por los que recibieron privilegios especiales. El Nuevo Testamento nos cuenta muy poco sobre Santiago. Su nombre nunca aparece separado del de su hermano Juan. Ellos eran un dúo inseparable (Marcos 1:19–20; Mateo 4:21; Lucas 5:1–11).

Era un hombre de coraje y con un gran espíritu de perdón, un individuo con una fe extraordinaria y sin envidia, aunque vivía a la sombra de Juan. Fue el primero de los doce en convertirse en mártir al ser ejecutado por Herodes Antipas en el año 44 d. C. por predicar a Cristo en la región de Galilea (Hechos 12:1, 2).

Santiago, hijo de Alfeo, o Cleofás y María, vivió en Galilea. Fue el hermano del apóstol Judas. Su madre es una de las Marías que visitó la tumba para perfumar el cuerpo de Cristo.

De acuerdo a la tradición, es el autor de la Epístola de Santiago. Predicó en Palestina y Egipto, donde lo crucificaron. Santiago fue uno de los discípulos menos conocido. Algunos estudiosos creen que era hermano de Mateo, el recaudador de impuestos, pero no hay evidencia de este dato. Santiago fue un hombre de carácter fuerte y un tipo de los más carismáticos. Su vida nos proyecta a un hombre celoso por la obra y procurador del sano ambiente entre los hermanos. La tradición nos cuenta que él también murió como un mártir y su cuerpo fue cortado en pedazos.

Judas Iscariote, conocido como el traidor, era hijo de Simón, quien vivió en Queriot de Judá. Él traicionó a Jesús por treinta piezas de plata y luego se ahorcó (Mateo 26:14, 16). Judas, el hombre que llegó a traicionar a su Maestro, es el enigma supremo del Nuevo Testamento, ya que es muy difícil entender cómo alguien que estuvo tan cerca de Jesús, vio tantos milagros y escuchó muchas de las enseñanzas del Maestro pudo entregarlo en mano de sus enemigos.

Su nombre aparece en tres listas de los doce apóstoles (Mateo 10:4; Marcos 3:19; Lucas 6:19). Se dice que Judas vino de Judá, cerca de Jericó. Él era un judío de la región de Judea, mientras que la mayoría de los discípulos eran galileos. Es posible que hubiera cierta distancia en el trato con él. De acuerdo con el Evangelio de Juan, Judas saqueaba la bolsa de las recaudaciones del ministerio de Jesús. Era el tesorero del grupo y estaba entre los que lideraban las conversaciones sobre el ministerio.

Las nuevas teorías alegan que Judas era un judío nacionalista activo que vio en Jesús la probabilidad de la redención de Israel mediante la fuerza bélica. Es posible que Jesús representara la esperanza de que a través de Él, el gran sueño nacionalista pudiera encontrar su realización finalmente. Esto es importante. Jesús no vino a cumplir con agendas políticas de nadie, ni a establecer una mentalidad de liberación social como se ha querido hacer creer, esas son interpretaciones que tienen su valor, pero no constituyen la razón principal de su misión en la tierra. Nadie puede negar que Judas fuera un hombre codicioso, y quizás por eso a veces usó su posición como tesorero del grupo para tomar dinero de la bolsa común.

Algunos traducen el nombre de Judas con el significado de «hombre de ciudad». Por ser de la ciudad, es el único que conoce la corrupción del Sanedrín judío. Esto le permitió adentrarse en dicho ambiente corrupto para entregar a Jesús. Además, él protestó cuando se derramó el frasco de alabastro con perfume (Juan 12:1-8), pues siendo de la ciudad conocía lo costoso que era, de ahí su reclamo. Como si fuera poco, también sabía dónde se podía vender para redimir su valor.

No hay una razón cierta de por qué Judas traicionó a su Maestro, pero no fue su traición lo que colocó a Jesús en la cruz, sino nuestros pecados. Recientemente en algunos círculos en Jerusalén se discute si Judas entregó a Jesús para provocar una revolución entre romanos y zelotes. Al ver que su plan fracasó y entregó a un judío inocente, fue y se ahorcó para cumplir con el juramento zelote de no traicionar a un hermano íntegro.

Judas Tadeo, o Lebeo, hijo de Alfeo o Cleofás y María era hermano de Santiago Tadeo. Fue uno de los apóstoles de los que se sabe poco y vivió en Galilea. La tradición dice que predicó en Asiria y Persia, hoy Irán, donde murió como un mártir. San Jerónimo lo llamó «Trinomios», lo cual significa «un hombre con tres nombres». En Marcos 3:18 es llamado Tadeo. En Mateo 10:3 es llamado Lebeo. Su apellido era Tadeo. En Lucas 6:16 y Hechos 1:13 se le llama Judas el hermano de Santiago. A Judas Tadeo también se le conoce como Judas el Zelote.

Por su carácter fue un intenso y violento nacionalista con sueños de poder mundial y dominio del pueblo escogido. Según los registros del Nuevo Testamento (Juan 14:22), él le preguntó a Jesús en la Última Cena: «Señor, ¿cómo es que te manifestarás a nosotros, y no al mundo?».

Judas Tadeo estaba interesado en dar a conocer a Cristo al mundo, no como un Salvador sufriente, sino más bien como un Rey gobernante. Podemos ver claramente por la respuesta que Jesús le dio que el camino del poder nunca puede reemplazar al camino del amor.

Se ha dicho que Judas fue a predicar el evangelio en Edesa, cerca del Río Éufrates. Allí sanó a varios y muchos creyeron en el nombre del Maestro. Luego marchó desde allí a predicar el evangelio a otros lugares. Fue asesinado con flechas en el Monte Ararat.

Mateo, o Leví, hijo de Alfeo, vivió en Capernaum. Fue un publicano o cobrador de impuestos. Él escribió el Evangelio que lleva su nombre. Murió como mártir en Etiopía. El llamamiento de Mateo al grupo apostólico se menciona en Marcos 2:14, Mateo 9:9 y Lucas 5:27–28. De estos pasajes aprendemos que Mateo también fue llamado Leví. Era una costumbre común en el Medio Oriente en la época de Cristo que los hombres tuvieran dos nombres. El nombre de Mateo significa «un regalo de Dios». El nombre Leví es su nombre judío. Mateo es su nombre cristiano. Aunque sabemos poco sobre él personalmente, un hecho sobresaliente es que fue un recaudador de impuestos. La versión Reina-Valera lo llama publicano, que en latín es *publicanus*, enfatizando su compromiso en el servicio público al mando de los Herodes, o que era un hombre que manejaba el dinero público o un cobrador de impuestos.

De todas las naciones en el mundo, los judíos fueron los que más odiaron a los cobradores de impuestos.

Para el judío devoto, Dios era el único a quien era correcto pagarle tributos e impuestos. Pagarle a cualquier otra persona significaba infringir los derechos de Dios. El cobrador de impuestos era odiado no solo en el terreno religioso, sino también porque la mayoría de ellos eran notablemente injustos.

Varios hombres judíos honestos consideraban en su mente a estos cobradores de impuestos como criminales, de acuerdo con Flavio Josefo y Joachim Jeremias. En los tiempos del Nuevo Testamento eran clasificados junto con las prostitutas, los gentiles y los pecadores (Mateo 18:17; Mateo 21:31, 33; Mateo 9:10; Marcos 2:15, 16; Lucas 5:30). Los cobradores de impuestos han sido conocidos porque determinaban el monto debido en sumas imposibles y a menudo ofrecían dinero en préstamo a los viajeros con tasas de intereses muy elevadas. Para agravar la situación, Mateo era un publicano destacado en la región de Galilea, lo que hacía que los pecadores lo conocieran y pudiera existir cierto grado de repudio por ser discípulo de Jesús. Aun así, Jesús eligió a un hombre al que todos odiaban y lo hizo uno de los suyos. Jesucristo pudo ver el potencial en el cobrador de impuestos de Capernaum.

Mateo era diferente a los otros apóstoles, quienes en su mayoría fueron pescadores. Él pudo usar la pluma con la que facturaba impuestos para redactar un Evangelio de perdón de deudas. Gracias a su aportación la historia de Jesús llegó al mundo judío en su plena diáspora. Su redacción representó un gran reto, ya que él no quiso aparecer en primera persona y se escondió en el anonimato del escrito. Su relato lleno de las enseñanzas de Jesús, en especial el Sermón del Monte, hace que su Evangelio contenga disposiciones en cuanto al estilo de vida del creyente. Es claramente imposible estimar la deuda que la cristiandad tiene con este despreciado cobrador de impuestos. Uno de los detalles que más impresionan de Mateo es que siendo publicano no llegó a ser el tesorero del grupo. Es posible pensar que quiso alejarse de las tareas de las que Jesús lo sacó: el recaudo de dinero. Fue un misionero del evangelio que cambió su vida por la fe de su Maestro.

La tradición dice que Felipe predicó en Frigia y murió como mártir en Hierápolis. Él era de Betsaida, en la región de Galilea, el mismo pueblo del que provenían Pedro y Andrés (Juan 1:44), y también fue un pescador. Aunque los primeros tres Evangelios registran su nombre (Mateo 10:3; Marcos 3:18; Lucas 6:14; Hechos 1:13), es en el Evangelio de Juan en el que Felipe se vuelve una personalidad viviente.

Los estudiosos no están de acuerdo en lo que respecta a Felipe. En Hechos 6:5 lo encontramos como uno de los siete diáconos ordenados. Algunos dicen que este es otro Felipe. Algunos creen que realmente se trata del apóstol. Si es el mismo Felipe, entonces su personalidad tomó más vida, porque tuvo una exitosa campaña en Samaria. Él dirigió al eunuco etíope a Cristo (Hechos 8:26). También se quedó con Pablo en Cesarea (Hechos 21:8) y fue una de las figuras importantes en los emprendimientos misioneros de la iglesia primitiva.

El Evangelio de Juan presenta a Felipe como uno de los primeros, entre tantos, a quienes Jesús llamó utilizando la palabra «Sígueme». En el momento en que Felipe conoció a Jesús, salió de inmediato, y al encontrarse con Natanael le dijo: «Hemos hallado a aquél de quien escribió Moisés en la ley, así como los profetas» (Juan 1:45). A pesar de la desconfianza de Natanael, Felipe escogió no argumentar con él, sino que simplemente le contestó: «Ven y ve». El relato bíblico nos presenta que Felipe actuó con certeza con respecto a quién era Jesús y pudo identificarlo de tal manera que puso su fe en Él. A la misma vez, nos deja ver que poseía un llamado misionero validado al salir a buscar a otros para decirle a quién habían hallado.

Felipe fue ese discípulo analítico y por ello mal entendido, juzgado en ocasiones como pesimista quizás por hacer preguntas o comentarios desafiantes. Jesús lo probó en el momento de la multiplicación de los panes y peces para evaluar su respuesta. La misma fue un puro razonamiento matemático: no podían alimentar a tanta gente con los fondos que había en el ministerio. Se dice que murió colgado y que mientras lo hacía solicitaba que su cuerpo fuera envuelto en papiro, porque no era digno de ser tratado como Jesús.

Simón el Zelote o el cananista, uno de los seguidores de Jesús apenas conocidos, vivió en Galilea. La tradición dice que fue crucificado. En dos lugares en la Versión Reina-Valera 1960 es llamado el cananista (Mateo 10:4; Marcos 3:18). Sin embargo en otros dos lugares se le llama Simón el Zelote (Lucas 6:15; Hechos 1:13).

El Nuevo Testamento no nos dice prácticamente nada sobre él personalmente, excepto que era un zelote. Los zelotes eran nacionalistas judíos fanáticos que mostraron una desatención por el sufrimiento envuelto en la lucha por lo que ellos consideraron como la pureza de su fe. Los zelotes estaban enceguecidos de odio por los romanos. Fue este odio por Roma lo que destruyó la ciudad de Jerusalén. Josefo dice que los zelotes fueron personas imprudentes, celosos de las buenas prácticas y extravagantes e imprudentes con las peores clases de acciones.

A partir de su entorno, vemos que Simón fue un nacionalista fanático, un hombre devoto a la ley, con un odio amargo hacia cualquier persona que se atreviera a comprometerse con Roma. Aun así, Simón claramente sobresalió como un hombre de fe. El amor de Jesús lo transformó al punto de cambiar sus ideales de luchar con las armas por la proclamación del evangelio. Simón el Zelote es el ejemplo vivo de un hombre cuya mente y emociones pueden cambiar por medio del poder transformador de la cruz. La tradición dice que murió como un mártir. Para muchos fue otro gran pescador que llegó a ser un pescador de hombres mediante la predicación.

Tomás Dídimo vivió en Galilea. La tradición dice que trabajó en Partia, Persia e India, sufriendo el martirio cerca de Madras, en el Monte Santo Tomás, India. Tomás fue su nombre hebreo y Dídimo su nombre griego. Algunas veces lo llamaban Judas. Mateo, Marco y Lucas no nos dicen nada sobre él, excepto su nombre. Sin embargo, Juan lo define más claramente en su Evangelio. Tomás estuvo presente en la resurrección de Lázaro (Juan 11:2–16) y en el Aposento Alto (Juan 14:1–6), donde quiso saber cómo conocer el camino a donde Jesús estaba yendo. En Juan 20:25 lo vemos diciendo que a menos que vea las marcas en las manos de Jesús y su costado, no iba a creer. Por esto Tomás llegó a ser conocido como *el incrédulo*, a quien Jesús desafió a ser creyente.

Tomás llegó a creer mediante la duda. Aparentemente era pesimista por naturaleza. Fue confrontado con su naturaleza pesimista al no poder creer hasta no haber visto. De modo que Jesús, viendo que Tomás fue capaz de desafiar a siete discípulos que lo habían visto, se le apareció en su casa. En este encuentro el Jesús resucitado lo invitó a poner su dedo en las marcas que dejaron los clavos en sus manos y su costado. Entonces Tomás hace la confesión más contundente de cualquier discípulo: «¡Señor mío, y Dios mío!» (Juan 20:28). Esto nos lleva a pesar que aun los más incrédulos caen de rodillas ante el Cristo resucitado. Con este suceso la fe de Tomás creció y se volvió gigante. La tradición afirma que a él se le encargó construir un palacio para un rey en la India, donde se hallaba predicando. Allí resultó muerto con una lanza como mártir por su Señor. Hay evidencia iconográfica sobre una imagen de Jesús que se cree la llevó Tomás a la región de India, la cual data del siglo III.

Juan Boanerges, hijo de Zebedeo y Salomé, hermano de Santiago el apóstol, fue conocido como el discípulo amado.

Era un pescador que vivió en Betsaida, Capernaum y Jerusalén, llegando a formar parte del círculo interno. Es el autor del Evangelio de Juan, las tres epístolas que llevan su nombre y el libro de Apocalipsis. Predicó entre las iglesias de Asia Menor. Desterrado a la Isla de Patmos, fue más tarde liberado y murió de muerte natural, siendo el único de los discípulos originales cuya vida terminó de esta manera, pues todos los demás sufrieron una muerte violenta. Juan fue uno los apóstoles prominentes y se menciona en varios lugares del Nuevo Testamento. Era un hombre de acción, ambicioso y con un temperamento explosivo y un corazón intolerante. Su segundo nombre era Boanerges, el cual significa Hijo del Trueno. Él y su hermano Santiago vinieron de una familia de mejor posición que el resto de los apóstoles, ya que tenían una empresa de pesca prominente, lo cual les permitió dejarla en las manos de su padre para seguir a Jesús (Marcos 1:20). Estuvo muy cerca de Pedro. Actuaron juntos en el ministerio. Sin embargo, Pedro se proyectó como el vocero principal del grupo.

Juan maduró con el tiempo. En la etapa posterior de su vida se había olvidado de todo, incluso de su ambición y temperamento explosivo, excepto de su compromiso de amor con el Señor. Se dice que realizaron un atentado contra su vida mediante un cáliz de veneno del cual Dios lo salvó, muriendo, como ya mencionamos, de causas naturales.

Simón Pedro, hijo de Jonás, era un pescador que vivió en Betsaida y Capernaum. Llevó a cabo su obra evangelística y misionera entre los judíos, yendo tan lejos como hasta

Babilonia. Fue un miembro del círculo interno y escribió las dos epístolas del Nuevo Testamento que llevan su nombre. Además, es el autor intelectual del Evangelio de Marcos. La tradición dice que fue crucificado en Roma con la cabeza hacia abajo.

En cada lista de los discípulos, el nombre Pedro se menciona en primer lugar. Sin embargo, Pedro tuvo otros nombres. En el tiempo de Cristo, el idioma común era el arameo, el griego se usaba en la escritura y el idioma familiar era el hebreo. Así que su nombre griego fue Pedro (Marcos 1:16; Juan 1:40, 41) y su nombre hebreo, Cefas (1 Corintios 1:12; 3:22; 9:5 y Gálatas 2:9). El significado griego de Pedro, del latín *petrus*, es roca. El significado árabe de Cefas es roca también.

La actividad comercial de Pedro era la pesca. Estaba casado (1 Corintios 9:5), Jesús sanó a su suegra y vivía en Capernaum. Jesús probablemente estableció su centro de dirección en su hogar cuando visitó Capernaum. Pedro era galileo, como lo fueron también varios de los otros discípulos. Josefo describió a los galileos de esta manera: «Eran siempre aficionados a la innovación y por naturaleza dispuestos al cambio y deleitados en la sedición. Estaban siempre listos para seguir al líder y para comenzar una insurrección. Eran rápidos en soltar el genio y dados a la pelea, y a la vez hombres muy caballerosos».

El Talmud señala sobre los galileos: «Estaban más ansiosos por el honor que por ganar, de genio fuerte, impulsivo, emocional, despertado fácilmente por la idea de una aventura, leales hasta el fin». Pedro fue un galileo típico. Entre los doce, él era el líder, sobresaliendo como la voz de los apóstoles. Fue él quien preguntó el significado de la parábola en Mateo 15:15, el que averiguó cuán seguido debemos perdonar, indagó acerca de la recompensa para todos aquellos que siguen a Jesús, confesó a Jesús y lo declaró como el Hijo del Dios viviente. Fue él quien estuvo en el monte de la Transfiguración y vio a la hija de Jairo resucitar de los muertos. Y también fue quien negó a Cristo ante un criado.

En Pedro se reconoce el problema de dicción que los galileos tienen al hablar. En los idiomas semíticos existen las consonantes guturales. Los galileos tenían graves problemas con su pronunciación. Por eso en el momento de la negación le dicen que él era uno de los seguidores de Jesús, pues su manera de hablar lo descubría (véase Mateo 26:69–75; Marcos 14:66–72; Lucas 22:54–62; Juan 18:25–27). Geza Vermes explica esto de forma magistral en su obra *Jesús el judío*. Pedro fue un gran apóstol y un misionero que dio su vida por su Señor. Su persona es digna de admirar, pues a pesar de sus luchas, malas decisiones y acciones impulsivas, nunca dejó de ser lo que más deseaba en su corazón: un servidor de Jesús. Él constituye un ejemplo de que no importa cuántas veces uno caiga o falle, siempre en Jesús hay una oportunidad de levantarse y continuar. Pedro fue martirizado sobre una cruz. Solicitó que lo crucificaran cabeza abajo, porque no era digno de morir

> Jesús todavía sigue reclutando discípulos para capacitarlos en beneficio del Reino.

como su Señor, cumpliéndose así la profecía dicha por el mismo Jesús (Juan 21:15–18).

La grandeza de Jesús estuvo en reclutar a doce individuos totalmente diferentes y mantenerlos juntos por tres años. Tal experiencia fue tan contundente que logró extraer de ellos lo mejor para ponerlo al servicio del Reino. Esto es así debido a que Dios mira el potencial del corazón del ser humano, no las limitaciones que lo rodean.

Jesús todavía sigue reclutando discípulos para capacitarlos en beneficio del Reino. Sin embargo, ser discípulo de Jesús tiene un precio. La responsabilidad que recayó sobre estos hombres fue llevar el mensaje despojándose de todo lo que les impidiera cumplir la misión. Nosotros somos llamados a hacer lo mismo. Este tiempo no es, ni será, distinto al que ellos vivieron.

## ¿CÓMO TRATÓ JESÚS A LOS PECADORES?

En casi todos los relatos bíblicos relacionados con las actividades de Jesús, Él mostró un comportamiento fuera de lo común hacia los pecadores, tanto como hombre y como judío practicante de su época. Debemos pensar que en el tiempo de Jesús la mayoría de los grupos religiosos de sus días, por no decir todos, se cuidaban de mezclarse con todo tipo de personas. Tampoco compartían con algunos grupos sociales particulares ni tomaban parte en sus actividades, sin importar de cuál índole fueran. Compartir con ellos significaba contaminarse, ser impuro y faltar a las interpretaciones que se hacían de la ley.

Entre los grupos despreciados por razón de nacionalidad estaban los griegos, los romanos y los samaritanos. Otros grupos afectados por razón de su condición social eran los enfermos, los pobres, las mujeres y los niños. También había un grupo rechazado debido a su oficio: los publicanos, quienes se dedicaban a la recolección de impuestos en el tiempo de Jesús. Finalmente, toda persona vinculada con algún tipo de pecado era despreciada y condenada de manera pública como los leprosos, los ciegos y las personas con enfermedades de flujo corporal.

Jesús tenía una visión distinta a los religiosos de su época. Sus acciones estaban enfocadas en el beneficio de ese mundo que lo rodeaba. Los religiosos de su tiempo, en especial los ricos, hacían fiestas, pero solo invitaban a aquellos que podían devolverles la invitación a otra celebración. De esa forma, no invitaban a las personas para compartir y agradar, sino para asegurar su participación en los banquetes futuros. Jesús jamás actuó de esa manera. Él se acercó a la gente que tenía mayor necesidad y le brindó lo que más falta hace en la vida humana: aceptación. Creo que este es el milagro más grande de Jesús, aceptar a la gente como es. Con su acercamiento demostraba amor y compasión, elementos que le ganaron adeptos en el camino sin mayores dificultades.

> Jesús tenía una visión distinta a los religiosos de su época.

Existen relatos que contienen conflictos entre grupos, los más cercanos a la realidad de Jesús son aquellos en los que Él protesta contra las posturas radicales de los practicantes del judaísmo. Este detalle es importante, porque tales textos son los que mejor explican el carácter de Jesús. En primer lugar, en el tiempo de Jesús muchas de las enfermedades eran asociadas con posesiones demoníacas o pecados. Hubo momentos en los que se le presentaron enfermos para desafiarlo, confrontándolo a fin de confirmar si era el Mesías o no. A esto le añadían una condición especial, si Jesús los sanaba, como en el caso del paralítico, entonces era cierto que tenía poder para perdonar los pecados. Claro está, Jesús nunca desperdició esta oportunidad en ninguna circunstancia.

Esto nos ayuda a entender el comportamiento de Jesús con las personas que estaban condenadas por sus supuestos pecados. Permítame presentarle algunos ejemplos a continuación para mostrar mejor dicha realidad.

En el caso de Zaqueo, que era publicano y posiblemente el hombre más rico de Jericó, cuando Jesús lo identificó en la cima de un árbol, lo llamó por su nombre y se invitó Él mismo a su casa para cenar con este hombre pecador. Llamar a alguien por su nombre constituye una acción de respeto personal y un reconocimiento público de estima. Notemos que al llamarlo no utilizó expresiones como las de ciertas personas de la propia iglesia. Él no le dijo: «Mira, pecador, bájate de ahí que voy para tu casa». Jesús no actúa así.

En otra ocasión, Él iba hacia la casa del principal de una sinagoga llamado Jairo, porque su hija estaba enferma. En el camino se cruzó con una mujer enferma con el flujo de sangre que lo había perdido todo buscando la cura. Jesús se detuvo, porque el toque de aquella mujer hizo que saliera poder de él. Tan pronto la sanó, siguió hablando con ella frente al público. Esta acción de Jesús denotaba su interés por las personas con problemas. Él les hizo ver y creer que no solamente las podía sanar, sino que también las quería tratar con amor.

Por otra parte, debemos recordar que a Jesús le gustaba visitar a las personas en sus casas. Para Él, sentarse a la mesa representaba el momento y la oportunidad de hablar sobre los asuntos medulares de la vida humana en medio de un buen compartir. Sin embargo, no era como aquellos que escogían los primeros asientos a la mesa y los mejores puestos en las sinagogas. Más bien, Jesús les enseñaba a sus discípulos que al asistir a una fiesta se sentaran en las sillas de atrás, no fuera que el anfitrión viéndolo en los asientos del frente les hiciera pasar una vergüenza cambiándolos de lugar a los últimos puestos.

Cuando estaba en casa de personas de dudosa reputación, sus enemigos y acusadores presionaban a los discípulos preguntando: «¿Por qué el Maestro come y bebe con pecadores?». En el tiempo de Jesús, *comer y beber* significaba participar en confianza de una buena cena en casa de alguien con quien se quería compartir algo importante. No se trataba de perder el tiempo hablando asuntos sin sentido.

Jesús estaba siendo acusado de compartir con quienes tenían necesidad. Este ataque iba dirigido a minar su reputación, pero a Él nunca le importó lo que otros pensaran sobre sus actos. Para Jesús esos ataques eran parte de mantener un ministerio, y en su caso todo lo demás representaba un asunto sin importancia cuando se trataba de mostrarle amor y misericordia al necesitado.

Debido a esa forma de actuar, Jesús nos invita a no juzgar, ya que es mejor conocer a nuestro prójimo. Él quiere que pensemos que es mejor perdonar antes que condenar. Por encima de todo debemos aprender a aceptar a las personas como son para que pueda iniciarse el milagro de la transformación por medio del poder de Dios, porque esto fue lo mismo que Él hizo con nosotros.

## ¿Qué importancia tiene que Jesús fuera de la región de Galilea?

Ya hemos descrito algunos detalles de esta región. Esta es, posiblemente, la región más próspera en el norte de Israel. Los pobladores de la misma habían sido influenciados por la cultura griega y estaban sometidos al poder político de Herodes Antipas, el mismo que ejecutó a Juan el Bautista. El territorio estaba mucho más compartido por una variedad de gentiles que otras regiones. Al estar ubicada al norte, ya era mal vista por la cantidad de controversias históricas relacionadas con el sur. Un detalle que explica mejor esta diferencia es que en Israel el sur siempre fue reconocido como el centro más importante del pueblo judío. Conforme a la historia, allí se estableció la capital luego de la conquista de los jebuseos, ubicada en el Monte Sión, donde se levantaba dentro de la ciudad amurallada de Jerusalén, la ciudad de David. Allí estaba ubicado el templo de Jerusalén que construyera Salomón, el cual fue destruido por primera vez en el 586 a. C. por parte de Babilonia.

El norte se consideró un mundo aparte después de la división del reino. Estuvo compuesto por diez de las doce tribus de Israel, mientras que el sur lo integraban dos tribus. Debemos recordar que no hubo territorio bajo el nombre de José ni de Leví. En el caso de José, a sus dos hijos se le asignaron territorios, y los levitas estaban distribuidos entre todas las tribus. Los ciudadanos del norte fueron influenciados por otras culturas que perduraron en la región, en especial los cananitas. Es por eso que había imágenes de otros dioses a quienes adoraron y rindieron cultos en los altares de Yahweh. Recordemos la historia de Elías y los profetas de Baal.

La capital del norte era Samaria. Estas características, entre otras, alejaron al norte del sur de manera abismal y sus diferencias permanecían en el tiempo de Jesús.

En los días de Jesús, los galileos confrontaron varios problemas sociales que los marcaban o diferenciaban dentro del resto de la población. Esto nos ayuda a entender por qué Jesús tuvo tantas dificultades simplemente por provenir de esa región geográfica. Los galileos históricamente tuvieron tres problemas con los que fueron identificados y a la larga los marcaron en la sociedad. El autor Geza Vermes es quien mejor explica este fenómeno que le causó algunos problemas a Jesús en su movimiento ministerial. (Vermes.) Las características son las siguientes:

1. Los galileos tenían un problema de pronunciación especialmente con las consonantes guturales. Esto es crítico en dicha época, ya que en los idiomas semíticos (hebreo, arameo y árabe) las consonantes guturales son esenciales para distinguir las diversas acepciones y significados de las palabras. Por eso cuando Simón Pedro negó a Jesús, lo identificaron por su acento y su dificultad al hablar, diciendo: «Verdaderamente también éste estaba con él, porque es galileo» (véase Lucas 22:55–60).

2. Los galileos eran conocidos por sus actos unilaterales y su estilo independiente. Se les veía en ocasiones como rebeldes, ya que algunas de las rebeliones de los judíos se desataron en esas áreas geográficas. Eran conocidos por ser revolucionarios y contrarios a la ley. «Algunos decían: ¿De Galilea ha de venir el Cristo?» (Juan 7:41). O señalaban: «Escudriña y ve que de Galilea nunca se ha levantado profeta» (Juan

7:52). Además, la región de Nazaret era una de las regiones cercanas a Galilea, y da la impresión de que su reputación no era la mejor. Cuando a uno de los discípulos le indican que Jesús es de Nazaret, su reacción fue: «¿De Nazaret puede salir algo de bueno?» (Juan 1:46). Se trataba de regiones compuestas por barriadas y arrabales de las cuales se hacía difícil pensar que el Mesías pudiera provenir. En el tiempo de Jesús, a la mayoría de los líderes que proyectaran un mensaje contra el gobierno, los religiosos y cualquier otra fuente de autoridad se les evaluaba por su lugar de origen. Usted puede estar seguro de que si la contestación era «de Galilea», ya le imponían una marca social como altamente sospechoso.

3. Finalmente, los galileos tenían fama de ser desconocedores de la ley y su práctica. Por eso el ministerio de Jesús despertó el asombro de los religiosos. Vermes indica:

Jesús se convirtió en sospechoso de las autoridades de Jerusalén porque era galileo. Todavía más, al presente existen historiadores judíos que aceptan las teorías de los galileos como personas faltas de educación y ortodoxia judía. (Vermes.)

Por lo tanto, al Jesús ser de la región de Galilea, tuvo más contratiempos en su ministerio que si hubiera sido de Jerusalén. Esto nos habla del carácter firme de Jesús, que en vez de huir de su realidad, se creció ante ella en su propia época. Primero, porque nunca se vio limitado por las especulaciones en su contra. Y en segundo lugar, porque se sobrepuso a ellas para denunciar los atropellos sociales.

Con este escenario, Jesús nos muestra que los sitios no determinan a las personas, sino más bien nuestro compromiso con el cumplimiento del propósito por el cual vivimos.

## ¿Cómo podemos apreciar las distancias que Jesús caminó?

> Jesús nos muestra que los sitios no determinan a las personas, sino más bien nuestro compromiso con el cumplimiento del propósito por el cual vivimos.

Esta es una pregunta interesante, porque en muchas ocasiones no se valora el esfuerzo de Jesús y sus discípulos durante sus largas travesías por toda la región de Palestina e Israel. En la actualidad, es necesario saber qué hacer para lograr entender los elementos del tiempo y la distancia. A fin de apreciar las distancias hacen falta dos elementos. En primer lugar, es necesario tener a la mano un mapa de Palestina en el tiempo de Jesús en el que aparezcan los nombres de las aldeas, pueblos y ciudades de la época para identificarlos con mayor exactitud y precisión. Además, hace falta leer los Evangelios para trazar la ruta de Jesús conforme a su ministerio de predicación y sus viajes de un lugar a otro.

Las distancias en el tiempo de Jesús se hacían complicadas por varios factores. El primero de ellos era los limitados medios de transporte de la época. Existían caballos, camellos, dromedarios y asnos, pero no todas las personas tenían la capacidad económica para adquirir uno de ellos. Aquellas que los poseían los cuidaban a fin de utilizarlos para el trabajo y no para el placer. Aprovecho para explicar que en el Medio Oriente existen más dromedarios que camellos. Los dromedarios son los que tienen una joroba, mientras que los camellos poseen dos. ¿Por qué, entonces, pocos hacen la distinción y les siguen llamando a ambos camellos? Porque en árabe, arameo y hebreo se usa la misma palabra para los dos tipos de animales y no hay diferencia conceptual. De todas formas, son animales costosos y no todo el mundo podía adquirirlos

Por otra parte, en estos territorios los caminos se hacen buscando el beneficio del caminante, aprovechando la superficie y la topografía del terreno. Es por eso que en ocasiones recorrer una distancia corta conlleva un largo tiempo, porque a lo mejor hace falta bordear un monte o un lago para llegar al destino trazado. Los mejores animales para determinar las rutas, según los historiadores de la época, son los asnos. Por alguna razón estos animales poseen una intuición sobre cómo llegar de un punto a otro por el camino más cercano y seguro. En ocasiones, los reyes echaban a caminar un asno delante antes de trazar una ruta real. Luego se verificaba la ruta. De ser corta y segura, la realeza convertía la trayectoria establecida por el animal en el camino real. Recordemos que Jesús se sube en un pollino de asno en el momento de su entrada triunfal en Jerusalén, estableciendo el rastro real por el cual habrá de regresar en aquel gran día.

Otro aspecto que no podemos pasar por alto es el clima. En estas regiones hace mucho calor y la mayor parte del terreno es sumamente árida. Cuando se inician largas jornadas, es necesario hacer paradas en algunos lugares para refrescarse o bien descansar por un rato. Cada parada representa un tiempo adicional en la jornada de camino que los llevará a su destino, atrasando los planes de cualquier caravana de caminantes. En tiempos de invierno sucede lo mismo, porque el clima se torna demasiado frío y bien lluvioso. A la misma vez, si el grupo de personas en la caravana era numeroso, las caminatas resultaban más lentas por la diversidad de los caminantes.

Tratemos de trazar una línea desde Galilea hasta Jerusalén y pensemos cuánto tiempo le puede tomar a un caminante recorrer a pie ese tramo. En esa época, andando ligero, cualquier caminante se podía tardar un término de seis días desde Galilea hasta Jerusalén en un viaje de ida y seis días más de regreso. Consideremos que Jesús visitaba mucho Jerusalén y caminaba desde Galilea cada vez que iba. Él frecuentaba las fiestas judías que se celebraban en Jerusalén, que son por lo menos cinco veces al año. Quiere decir que sus caminatas eran frecuentes. En un par de ocasiones se salió del camino principal para ir por los montes, pues le era menester ir a Samaria. Ahora pensemos cuánto más demorado sería si fuera toda una multitud. Cuando piense en todo el tiempo que se pierde en las caminatas, encontrará que el ministerio de Jesús era sacrificado de verdad. Esto quiere decir que si Jesús se sacrificó en esas caminatas para predicar a un Dios de amor, en realidad la vida humana valía y vale mucho para Él.

# Capítulo 4

# EL MENSAJE PROFÉTICO DE JESÚS

## ¿POR QUÉ JESÚS FUE Y ES CONSIDERADO UN PROFETA?

ESTE ES UN tema delicado. Así que resulta necesario explicar los conceptos para evitar confusiones. Un profeta en el judaísmo antiguo no se definía igual que en nuestros días. El profeta era aquel a quien Dios llamaba para mostrar, revelar, hablar e informar su voluntad de tal forma que pudiera ir a comunicársela a quienes necesitaban escuchar y ser influenciados por el mensaje. Por lo tanto, la función principal de un profeta era y es encaminar al pueblo en dirección a Dios. Las profecías no son predicciones o adivinanzas sobre el futuro, sino avisos, alertas o promesas. Cuando los profetas de Israel hablaban en nombre de Dios, emitían un juicio en forma de aviso o una promesa de salvación. Las profecías estaban condicionadas a que el pueblo respondiera de alguna forma u otra. Si se arrepentían, es posible que el desastre avisado no sucediera. En caso de que las personas asumieran una conducta soberbia contra Dios, el castigo resultaba inminente, aunque posteriormente Dios los socorriera.

El propósito final de una profecía es ocasionar un cambio interno verdadero en la conducta de la persona. Este cambio no debe ser por miedo a lo venidero, sino por convicción en el presente. Por lo tanto, no debemos evaluar o juzgar lo que se profetiza, sino el efecto o resultado que se persigue con dicha profecía. Todo profeta apela a un arrepentimiento que debe ser manifestado en un cambio de conducta positivo. Dios hace que el profeta siempre ofrezca una salida para el arrepentimiento, siendo capaz en algunos casos de producir un cambio en el estilo de vida de aquellos que escuchan la profecía. Por lo tanto, los profetas son personas con poder persuasivo que buscan encausar a los seres humanos en las veredas de las bondades de Dios. Eric Fromm dijo:

> El propósito final de una profecía es ocasionar un cambio interno verdadero en la conducta de la persona.

> Es función del profeta mostrar la realidad, señalar alternativas y protestar; es su función hablar en voz alta, despertar al hombre de su

rutinario entresueño. Es la situación histórica lo que hace a los profetas, no el deseo de serlo de algunos hombres. (Eric Fromm, *Sobre la desobediencia*.)

Jesús tenía voz y fuerza profética. Es decir, su mensaje buscaba el arrepentimiento genuino de las personas y el abandono de las pasiones mundanas. Las autoridades de la época no lo entendieron de esa forma y fue acusado de ser un falso profeta por anunciar la destrucción de la institución más poderosa, prestigiosa y grande de su época: el templo (Mateo 24:1–2; Marcos 13:1–2; Lucas 21:5–6). El aviso de la inminente destrucción, malinterpretado a través de los tiempos, creó en sus detractores la erupción volcánica de la soberbia que los poseía. Jesús, con su anuncio sobre el templo, estaba atentando contra el dios del momento: la estructura religiosa y su edificio. Estoy seguro de que Jesús, en su dimensión profética, buscaba un cambio de actitud y mentalidad en su pueblo.

El deseo de Dios siempre ha sido que lo adoren, para Él el lugar o el edificio no es importante. Dios se fija en la actitud de los que se reúnen más que en el lujo o la comodidad del sitio donde lo adoran. Su mensaje persuasivo que buscaba un cambio de conducta impresionó e intimidó a algunos de los principales de su época. Fue por esto que buscaban la manera de humillarlo y ejecutarlo para silenciar su mensaje.

> El deseo de Dios siempre ha sido que lo adoren.

Resulta irónico que esto sea un ejemplo de un profeta que dicta un mensaje de vida y por él encuentra su muerte. Los profetas viven sus ideas, los sacerdotes las administran, pero tienen la responsabilidad de traducirlas en elementos de vida para la gente. (Fromm.) Esa fue la razón verdadera: mientras Jesús buscaba un cambio en su pueblo con su mensaje profético, la alta élite religiosa interpretaba a su conveniencia las expresiones del momento. Hay que tener en cuenta que los profetas son pocos y sacerdotes hay en todos los ámbitos de nuestra vida social. Por otro lado, lo que se pensó que sería el fin de la profecía se convirtió en el principio de la vida eterna.

Legalmente, Jesús debió morir apedreado por la acusación de falso profeta. Esa era la ley vigente. Sin embargo, Él no sufrió esa muerte. No lo sentenciaron por sus profecías. Hay veces que las sentencias de culpabilidad validan verdades que están intrínsecamente relacionadas con la vida. Apedrearlo como un falso profeta ponía en riesgo al Sanedrín judío, pues este era el Tribunal Supremo religioso del tiempo de Jesús, que tenía la facultad de condenar a muerte a cualquier falso profeta. El hecho de haber apedreado a Jesús por falso profeta y que con el tiempo el pueblo descubriera que sus profecías eran ciertas, equivaldría a que el Sanedrín perdiera su prestigio y reputación.

¿Qué hubiera ocurrido si después de lapidar a Jesús, el templo de Jerusalén hubiera sido destruido tal como lo profetizó? Entonces Jesús hubiera sido validado como un verdadero profeta de Israel, pero a quien los líderes religiosos de su época ejecutaron porque no pudieron ver a Dios en las palabras que declaró. Este fue un asunto que los sacerdotes religiosos de la época no se arriesgaron a llevar hasta las últimas consecuencias.

## ¿Cuál fue la profecía de mayor impacto que Jesús dijo?

Jesús profetizó varias situaciones futuras que ocurrirían en Israel en un tiempo venidero, unas cercanas y otras distantes. Sus profecías se registran debidamente en los Evangelios, los escritos escatológicos sobre su regreso, las señales del fin y la crisis de los tiempos. Se trata de aquellas expresiones que informan sobre catástrofes, guerras, hambre, crisis y destrucción, las cuales son profecías de estructura apocalíptica. Es cierto que estas situaciones son comunes en la historia de los seres humanos y ocurren cíclicamente de tiempo en tiempo. No obstante, lo que hace veraz la profecía es el tiempo específico y las condiciones en que se cumple.

Como ya sabemos, en el caso de Jesús, la mayoría de sus discursos y sermones estaban centrados en el amor al prójimo, la búsqueda de la paz, el mejoramiento de la conducta social y el arrepentimiento de los pecados. Son pocas las expresiones de condenación y juicio que se hallan en sus relatos. Sin embargo, su mensaje también era profético.

De todas las expresiones proféticas de Jesús, la de mayor impacto a lo largo del tiempo y en su momento para sus discípulos fue el anuncio de su muerte y su resurrección al tercer día. La otra profecía de mayor alcance fue la destrucción del templo y la ciudad de Jerusalén. Esta última causó mayor impresión, porque aquellas personas que no creyeron en Jesús dudaron de su resurrección, pero no pudieron negar su profecía sobre la destrucción del templo.

Además, tal profecía tiene un elemento especial en cuanto al tiempo de su cumplimiento. Jesús la profirió mientras estaba llevando a cabo su ministerio de predicación, es decir entre los años 32 y 33 d. C. El impacto de su pronóstico de que «no quedará piedra sobre piedra» (Marcos 13:2) llenó de ira a los que servían a dicha institución, especialmente a la casta sacerdotal. El templo de Herodes, llamado así entre el pueblo, era el centro de toda la actividad judía de Palestina. Atacar dicha institución significaba levantar los ánimos en contra de toda la estructura religiosa. Jesús lo hizo, no por capricho o para provocar un desastre, pero sí porque como profeta pudo ver la catástrofe social que venía para su pueblo.

> De todas las expresiones proféticas de Jesús, la de mayor impacto a lo largo del tiempo y en su momento para sus discípulos fue el anuncio de su muerte y su resurrección al tercer día.

El templo fue destruido por el general Tito y sus tropas romanas en el año 70 d. C. No quedó nada en pie excepto el actual muro de los lamentos, que es una porción ínfima de la muralla exterior del templo, la cual permaneció como testigo de lo ocurrido. Lo interesante es que Jesús lo predijo entre el 32 y 33 d. C., Marcos lo escribió en su Evangelio cerca del 67 d. C. y fue destruido en el año 70 de nuestra era, conforme a la cita histórica de Flavio Josefo. Esto significa que el Evangelio de Marcos pudo recuperar la profecía de Jesús cuando fue dicha en su tiempo y escribirla antes de que ocurriera la destrucción, validando su mensaje profético hasta nuestros tiempos.

Este detalle en la redacción del Evangelio de Marcos logró que muchas personas creyeran en Jesús cuarenta años después de su muerte y resurrección. Las razones son genuinas y válidas. Una de ellas es que la profecía elevó la figura de Jesús como un hombre valiente, decidido y convencido de sus creencias, capaz de decir lo que se le reveló aun cuando fuera en contra de la estructura religiosa más poderosa de la época. A la misma vez, exalta su figura como aquel que profetizó la destrucción del templo, y con dicho suceso la caída de la estructura religiosa de mayor opresión en Israel, el Sanedrín judío. Esta declaración de Jesús denota con cuánta certeza conocía a su pueblo, su tiempo y su misión.

> Jesús prometió volver para buscar a los suyos.

La otra profecía de Jesús de gran impacto es su regreso a la tierra. Jesús prometió volver para buscar a los suyos. En Juan 14, afirma que hará lugar en la casa de su Padre para que donde Él esté, nosotros también podamos estar. En algunos círculos cristianos hoy en día se quiere hacer ver que Jesús se refería a su resurrección y que al resucitar ya se cumplió la profecía de su regreso. Ciertamente, Jesús resucitó de los muertos, pero ese no es el regreso al que hace referencia en los Evangelios.

El primer indicio de esto es que Jesús habla de su regreso en un contexto en el que los judíos regresarían de todos los puntos cardinales y los confines de la tierra. En el año 70 d. C., con la destrucción del templo, los judíos fueron expulsados de la región de Judea. Mediante un edicto imperial se emitió la orden de que se dispersaran por todo el imperio, un suceso que se conoce como la diáspora judía. No fue hasta el 14 de mayo de 1948 que los judíos declararon su independencia y formaron su estado político. Con su establecimiento y reconocimiento casi por parte del mundo entero, los judíos comenzaron a regresar a Israel. Esto implica que la profecía se comenzó a cumplir y que Jesús está más cerca de su regreso que antes.

Por otra parte, consideremos otro indicio. El apóstol Pablo, luego de su conversión y en su primera epístola a los tesalonicenses (4:16), registra la mayor revelación posible sobre este acontecimiento. El apóstol de los gentiles proclama que Jesús regresará a buscar a los suyos en las nubes y los llamará para que se encuentren con Él. Primero los muertos en Cristo y luego los que estemos vivos nos iremos con el Señor en cuerpos glorificados. ¿Qué está diciendo Pablo? Que él esperaba ver a Jesús regresar mientras estaba vivo, lo cual implica que los discípulos de Jesús sabían de su segunda venida y no consideraron su resurrección como el regreso inminente. Por lo tanto, la profecía más contundente de Jesús es su regreso, y ese es el mensaje que la iglesia no puede callar.

Hemos considerado las profecías de mayor validez de Cristo y que de una forma u otra lo colocan en el centro del escrutinio de diversas religiones, entre ellos judíos y musulmanes.

### ¿Cuáles son los textos bíblicos que mejor describen al Jesús histórico?

La mayoría de los que conocen la historia de Jesús lo consideran un ser divino que vino a la tierra y no dejó escrito alguno. Sin embargo, para validar la vida de Jesús como dato histórico y verídico es necesario recurrir a algunos textos específicos. Los textos de los Evangelios sinópticos se escribieron en diferentes momentos y lugares. El tiempo en el que fueron escritos y el tiempo en el que Jesús vivió no son tan distantes. Jesús es crucificado y resucita en el año 33 d. C., y el texto que está más cerca de ese año, según algunos eruditos, es el Evangelio de Marcos, escrito aproximadamente en el año 67 d. C. Hay otros que piensan que incluso se escribió en una fecha anterior a esta, sobre lo cual hay debates todavía. De todas formas, quiere decir que pasaron varios años para escribir algo sobre la vida de Jesús. Luego se escribió Mateo cerca del año 80 d. C., Lucas cerca del año 85 d. C. y Juan cerca del año 90 de nuestra era. Estas fechas son aproximadas y debatibles.

Un detalle que debemos considerar es dónde se escriben y a quién van dirigidos estos documentos. Tal cosa nos ayuda a entender por qué algunas redacciones son distintas a otras, aun cuando narran el mismo suceso. Tome por ejemplo la historia del ciego que Jesús sana, la cual aparece en todos los Evangelios, pero no se registra igual (Mateo 9:27-31; Marcos 10:46-52; Lucas 18:35-43; Juan 9:13-41). La razón es la influencia de cada autor desde el lugar que escribe y para quién escribe. Es decir, se trata de la misma historia, pero vista desde diferentes perspectivas. Tengamos en cuenta que Marcos se escribe para la región de Galilea. Mateo se escribe en Jerusalén. Lucas se escribe en Antioquia. Y Juan se escribe en Jerusalén.

Otro elemento que debemos considerar es que dentro de cada Evangelio existe una literatura que pertenece al mundo cercano de Jesús. Algunos eruditos han establecido que en el Evangelio de Mateo y el de Lucas hay algunos pasajes similares que no están presentes en Marcos ni en Juan. Esto hace pensar que existió un documento que estuvo disponible para los autores de estos dos Evangelios. A ese documento se le llama Fuente Q, por la palabra en alemán *quelle* que significa «fuente».

Se han publicado varios libros sobre esta teoría en los que se presentan los relatos que se creen existían en ese documento. En su investigación, los eruditos han concluido que este documento puede ser del año 47 d. C., en otras palabras, catorce años después de su muerte y resurrección.

Entre las redacciones que aparecen en dicho documento están el Padre Nuestro, el Sermón del Monte, la sanidad del ciego y la promesa de su regreso. Se cree que estos textos son los más cercanos al tiempo de Jesús y los que a su vez marcan la historia de la iglesia primitiva en cuanto a su mensaje. Es bien probable que hayan constituido la base de los primeros sermones de los apóstoles, ya que recogen la esencia del mensaje cristiano: Cristo salva, sana y regresa por los suyos.

Como dato adicional debemos considerar que las epístolas paulinas son los primeros escritos del Nuevo Testamento. Pablo, luego de su conversión, comenzó una serie de escritos tipo epístolas a las iglesias de Asia Menor. La primera de las epístolas estaba dirigida a los tesalonicenses y data del año 51 d. C., es decir, dieciocho años después de la resurrección. En sus epístolas, Pablo nos ofrece datos sobre Jesús de suma importancia y trascendencia. Por ejemplo, el relato que encontramos en el capítulo 15 de la primera epístola a los corintios, en el que nos ofrece una lista de las apariciones de Jesús luego de su resurrección, en la cual se incluye a sí mismo.

Por lo tanto, ya sabemos que estos son los textos más cercanos con respecto a la fecha de la muerte y resurrección de Jesús. A la misma vez, hemos establecido que el Evangelio de Marcos fue el primero que se escribió y estaba dirigido a los pobladores griegos y romanos de la región de Galilea. Muchos historiadores reconocen que los Evangelios de Marcos, Mateo y Lucas, antes de ser libros canónicos pertenecientes a la Biblia, eran libros históricos sobre la vida, obra, muerte y resurrección de Jesús. Por lo tanto, los llamados evangelios sinópticos representan las fuentes principales sobre la vida de Jesús en términos históricos.

## ¿CONTRA QUIENES JESÚS PRONUNCIÓ SUS MENSAJES MÁS CRÍTICOS?

Uno de los atributos más grandes de Jesús, sin duda alguna, era la manera en que decía y manifestaba sus opiniones. En ninguna circunstancia se inhibió de expresar lo que tenía que decir. Su mensaje fue claro, transparente, y estaba respaldado por su conducta.

> Uno de los atributos más grandes de Jesús, sin duda alguna, era la manera en que decía y manifestaba sus opiniones.

Algunos de sus mensajes fueron en contra de Herodes Antipas. Otros estaban dirigidos contra los miembros de algunos grupos religiosos de su época. El mensaje más apreciado fue en beneficio de los necesitados y los enfermos. También se expresó a favor de cumplir con la ley y el estado, en cuanto a lo cual el ejemplo más famoso es: «Dad a César lo que es de César, y a Dios lo que es de Dios» (Marcos 12:17).

De todos los mensajes de Jesús, el más crítico fue contra algunos de los miembros de ciertos grupos religiosos de su época. Por una parte, Jesús tiene gran consideración con el pecador, el extranjero, las mujeres y los enfermos, llevándoles un mensaje de sanidad, amor y misericordia. En ninguno de los relatos bíblicos critica a estos grupos o expresa palabras ofensivas contra ellos. Sin embargo, a los religiosos los sacudió con mensajes hirientes y contundentes que causaron algún efecto en sus egos frente a los grupos sociales marginados.

A los religiosos de su época, Jesús los llamó «sepulcros blanqueados», «generación de víboras», «hipócritas», «insensatos», «necios» y «ciegos». Estas expresiones denotan que Jesús no estaba contento con sus estilos de vida y mucho menos con su forma de expresar el amor de Dios. Les reclamaba la existencia de una doble vara. Los religiosos exigían el cumplimiento de la ley sin testimonio, moral y mucho menos misericordia. La imposición de cargas a los débiles hizo que Jesús se enojara con ellos.

Él también utilizó otras expresiones que hirieron el prestigio de los religiosos de su época. Algunas están contenidas en varias de las parábolas. En ellas, Jesús recurrió a personajes que se correspondían con los que pertenecían a los grupos religiosos o podían ser identificados por las características que se mencionaban. Las personas, al escuchar la parábola, reconocían a los personajes y comparaban sus conductas para entender lo que Jesús quiso transmitir. Entre las parábolas más famosas están «el fariseo y el publicano», «el hijo pródigo» y «el rico y Lázaro» (Lucas 18:9–14; Lucas 15:11–32; Lucas 16:19–31).

La pregunta es, ¿por qué Jesús se enojó con ellos? Una interpretación sencilla de las expresiones de Jesús contra estas personas permite ver que Él no toleró su hipocresía. La hipocresía se puede definir como un distanciamiento entre lo que se dice y lo que se hace. Esa distancia denotará el nivel de integridad o hipocresía de la persona. Mientras más cerca esté el dicho del hecho, más íntegro es el ser humano. A mayor distancia, más hipócrita será.

Jesús tenía más compasión con el pecador que con el hipócrita. El pecado es una actitud que en muchas ocasiones está vinculada a la naturaleza humana. La hipocresía es una decisión que toma el ser humano y lo hace con la intención de beneficiarse de la crisis que le causa a otro. Quizás esa es la mejor interpretación a la frase de Jesús: «¿Y por qué miras la paja que está en el ojo de tu hermano, y no echas de ver la viga que está en tu propio ojo?» (Mateo 7:3). Nadie se coloca una paja de forma intencional en el ojo. Esa paja llega por accidente, pero una viga es una columna que se construye. Esta frase quiere decir que uno debe atender primero lo que ha construido en su ojo voluntariamente, antes que la paja accidental en el ojo de su prójimo. Significa que un individuo se fija en un pecado insignificante que comete su hermano, cuando el

> Jesús tenía más compasión con el pecador que con el hipócrita.

pecado suyo es mucho mayor. Contra estas personas es que Jesús tronó con su mensaje. Dios perdona al pecador para que deje su vida errada. Sin embargo, el ser humano, si lo decide, por propia voluntad puede dejar de ser hipócrita.

## ¿Qué expresiones registradas en la Biblia provienen directamente de Jesús?

Hasta el momento no se ha descubierto que Jesús haya dejado legado escrito alguno. Por lo tanto, debemos considerar que todo lo que está expuesto en los libros bíblicos, en especial los Evangelios, es una recopilación de las expresiones de Jesús, algunas rescatadas exactamente como Él las dijo y otras según lo interpretaron aquellos que las escucharon. La realidad es que cuando algunas de estas expresiones se recogen de la tradición oral y pasan a la escrita, los autores tienen que intentar explicar en el texto los conceptos y las expresiones concernientes a su momento contextual. Por ejemplo, Jesús pudo haber hecho referencia a la vida de la iglesia cuando aún los discípulos no sabían de qué estaba hablando. No obstante, en el momento en que escribieron el texto, ya estaban viviendo dentro del seno de la iglesia. Otro ejemplo puede ser las expresiones de Jesús con relación a la clara identificación del creyente con la cruz como elemento esencial del cristianismo. Esto es así porque la cruz no tenía ningún valor en su tiempo y es su muerte en ella la que le imparte significado, por eso en la redacción posterior la cruz cobra importancia.

Es normal que los primeros cristianos quisieran validar las acciones de su fe vinculando sus símbolos a Jesús. No debemos tener problemas con eso, porque en realidad no niega a su persona y mucho menos su existencia. Los primeros símbolos cristianos fueron los peces, en recordación a los pescadores, y las mariposas, como símbolos de la resurrección. La cruz es un símbolo tardío del cual con el tiempo la iglesia católica se posesionó para darle otra imagen que no es la verdadera.

Ahora bien, hay un grupo de estudiosos que han desarrollado una técnica para poder detectar qué textos son pronunciados por Jesús directamente o están cercanos a lo que dijo. Sin embargo, sus estudios han dejado fuera muchas de las expresiones originales de Jesús. Aun así, la teoría tiene sus buenos argumentos, los cuales empleamos para nuestro beneficio. Esta teoría explica que si tomamos en consideración que Jesús era un judío practicante, y su conducta así lo denota, entonces sus expresiones tendrían que seguir su propia línea religiosa. Eso sería lo obvio. Por lo tanto, cuando aparece un texto dicho por Jesús que se aparta de la línea de pensamiento judío, y que a la misma vez puede validarse mediante sus acciones, con seguridad proviene de Él directamente. Una expresión contraria a lo que sería un pilar de la fe judía sin duda es parte del discurso de Jesús. Frases como «por mi causa serán perseguidos», «yo seré causa de división» y «nadie echa el vino nuevo en odres viejos» son sin duda expresiones de Jesús que resuenan contra la estructura religiosa y política de la época. Aun así, siendo judío, manifestó el mayor de los respetos por sus compañeros de creencia en la misma fe. Su mensaje fue sencillo, pero les criticó su manera de actuar con el prójimo, ya que era contraria a lo establecido en los fundamentos de la fe. Este es un claro reflejo de que Jesús no tenía el ánimo de establecer una nueva religión, sino de corregir y enmendar las conductas erradas. Todo esto implica que sus expresiones críticas en cuanto a la conducta impropia e inadecuada de los judíos, sin duda, constituyen un discurso original de Jesús.

Entre las expresiones de Jesús de mayor impacto y relevancia están aquellas que atentan contra los fundamentos del judaísmo, en especial los contenidos en la ley. Se trata de los discursos de Jesús que sacuden al judaísmo radical, como la ocasión en la que le dijo al joven: «Deja que los muertos entierren a sus muertos; y tú ve, y anuncia el reino de Dios» (Lucas 9:60). Estas palabras son rudas, pero compatibles con los discursos de Jesús en contra de la tradición judía de la época, que no permitía practicar una expresión religiosa distinta aunque fuera en bien de los demás.

Las expresiones de Jesús que atentan contra la vida familiar son también autóctonas de Él. Esto es así considerando que su ministerio era itinerante y su

> **Todos los llamados de Jesús contienen el mandato: «Sígueme».**

objetivo consistía en proclamar las buenas nuevas. Todos los llamados de Jesús contienen el mandato: «Sígueme». Se trataba de llamados personales a una nueva vertiente dentro del judaísmo, y por lo tanto la historia que les sigue es veraz. La expresión que habla de ser causa de división en la familia, como hemos mencionado, es propia de Jesús (véase Mateo 10:34–39). Implicaba un llamado a seguirlo dejándolo todo, una práctica que continuó con el movimiento del cristianismo primitivo.

Por último, todas las expresiones de Jesús que invitan al trabajo social y comunitario, sin duda que provienen de sus discursos. Son muchas las expresiones que exhortan a mejorar las relaciones con el prójimo. Existen demasiados textos que aseguran el amor que Jesús sentía por las personas en desventaja social, física o de nacionalidad. Por lo tanto, las expresiones registradas en la Biblia que se le atribuyen a Él y están alineadas con ese pensamiento, son más que certeras y únicas de nuestro Jesús. Esas son las mismas expresiones que deben formar parte de nuestro servicio y nuestra predicación.

## ¿Por qué hay dieciocho años perdidos en la historia de Jesús?

La historia de cualquier gran hombre, en términos humanos, usualmente se conoce después de la validación de sus acciones. La historia de Jesús no es la excepción. Para poder entenderla fácilmente, hay que considerarla dentro del contexto histórico en el que se dio, no con una mentalidad religiosa o teológica posterior. Pensemos por un momento en los grandes hombres y mujeres que el mundo hoy exalta. ¿Fue Cristóbal Colón alguien de renombre cuando zarpó del Puerto de Palos? ¿Fueron Copérnico y Galileo, entre otros, gente admirada en sus respectivas épocas? ¿Fueron los escritos de Shakespeare, Cervantes y Julio Verne obras maestras en su tiempo? Las contestaciones a estas preguntas son negativas. Tomó tiempo que el mundo conociera y celebrara a estos individuos. Hombres como tales escribieron la historia con sus ilustres aportaciones, pero preguntémonos cuántas personas sabían de ellos y su grandeza desde su infancia. Con excepción de algunos, casi nadie los conoció hasta que pusieron de manifiesto sus dones, talentos y virtudes. De igual forma ocurre con la historia de Jesús. Consideremos varias teorías que nos ayudan a ilustrar este asunto con mayor claridad, objetividad y precisión.

En primer lugar, Jesús tuvo que nacer como cualquier ser humano. Su nacimiento fue un hecho conocido y notorio para aquellas personas que estuvieron presentes, pero el resto del mundo no lo conocía. De allí salieron hacia Egipto, y entonces se perdió el rastro del bebé Salvador. De esa forma, se hizo difícil seguir la pista de Jesús desde pequeño. ¿Se imagina cómo hubiera sido si alguien con una cámara de vídeo pudiera haber grabado todos los momentos de Jesús desde su infancia? Sin embargo, eso no ocurrió. Primero, porque no existía la tecnología. Y en segundo lugar, ¿a quién le hubiera interesado grabar la historia de un pobre bebé de Belén?

Por lo tanto, el desarrollo de la vida de Jesús pasó prácticamente inadvertido para el mundo como deidad. Él era un ser humano más, cuyo poder y gloria se manifestarían en su edad adulta. Jesús ganó fama con sus obras y palabras a los treinta años de edad. Ya habían pasado unos cuantos años desde su nacimiento. Es posible que fuera hasta irreconocible para las personas del ambiente en el que se llegó a criar. Su fama original se desató en el campo y las aldeas. Si Él hubiera mostrado su poder desde su infancia, seguramente lo hubieran matado antes de tiempo. Entonces la cruz no hubiera podido ser vencida.

> Él era un ser humano más, cuyo poder y gloria se manifestarían en su edad adulta.

Posteriormente, Jesús alcanzó algunas poblaciones más grandes y al final su ministerio llegó a Jerusalén, siendo notorio su impacto entre todos los grupos. Su trayectoria se nutrió en gran manera de las leyendas que las personas a lo largo del camino contaban, en vez de existir un recuento real detallado. Ello implica que su historia estuvo fragmentada desde el principio. La verdadera fama de Jesús, el punto clave de su persona, se alcanza cuando es crucificado y luego resucita de entre los muertos. El impacto de la historia de la resurrección en todas las personas que escucharon el relato desató un interés mayor en saber quién era

Jesús. Fue entonces que la gente quiso saber más sobre su historia. Para lograr esto, se requiere una retrospección. Hay que ir hacia atrás en el tiempo y buscar testigos y anécdotas relacionadas con Jesús. De todas ellas, es necesario determinar cuáles fueron ciertas y cuáles resultaban ser inventos de cuentistas que buscaban alguna remuneración económica. Cuando se investigó para obtener información, mucha de ella ya no existía, porque las fuentes no estaban disponibles. Solamente tenemos lo que se registra en los Evangelios. No obstante, pensemos en que esta historia es tan grande que solo con fragmentos de ella hemos conseguido que el mundo pueda llegar a Dios. A pesar de contar solo con una historia casi a medias de Jesús, hemos sido testigos de su impacto por más de dos mil años.

Creo fielmente que Dios se hizo carne y habitó entre nosotros. Pienso, además, que siendo la primera vez que Dios asumiría esa forma, le iba a tomar un tiempo aprender a ser humano. De esa manera podría dominar las dos naturalezas que habrían de coexistir en Él: la humana y la divina. Por si no lo hemos notado, esa fue la más grande de sus acciones: renunciar a su divinidad y convertirse en un ser humano. Entonces, en el momento en que sintió y validó que tenía dominio de su humanidad, Él mismo se puso a prueba y salió al desierto a enfrentarse con Satanás.

> Esa fue la más grande de sus acciones: renunciar a su divinidad y convertirse en un ser humano.

Al mirar los textos de esas tentaciones nos percatamos de que todas fueron dirigidas contra la parte humana de Jesús. Por tal razón, concluyo que esos dieciocho años fueron un período preparatorio para vencer la vida humana, la cruz y la tumba.

## ¿Es cierto que Jesús estuvo por el Oriente?

Por muchos años se difundió la creencia de que Jesús había visitado varios sitios del mundo. Entre ellos las culturas mayas y aztecas. Además, se mencionó su supuesta incursión en el Oriente, en países como India. Nada de esto tiene validez y no existe evidencia real sobre tales sucesos.

Ahora bien, de alguna fuente tiene que haber provenido la información que le dio base a estas teorías. Y por lo menos en cuanto a la que se refiere a la India sí la hay. Hace aproximadamente unos cien años el autor Levi H. Dowling publicó un libro titulado *El evangelio acuariano de Jesús*. En este libro el autor hace referencia y describe los años que, supuestamente, Jesús pasó en la India. Tal biografía alterada de la vida de Jesús es la que ha dado pie a que se entienda y crea que Él pasó tiempo con algunos maestros budistas, entre ellos los rishis y los mahatmas, que eran grupos con una mentalidad parecida a la de la nueva era actual o lo grupos esotéricos contemporáneos. Esta teoría ha tenido tanto auge en el mundo de hoy que se ha pensado escribir un libreto para filmar una película a tales efectos.

La realidad es que en toda la evidencia disponible no tenemos ni un solo rastro que nos garantice o indique que esta teoría es cierta. Lo que sirvió de base a tal asunto son las especulaciones iniciales sobre los años perdidos de Jesús vinculadas a algunas conductas sociales comparables al budismo. A la misma vez, algunas de las expresiones y manifestaciones de un hombre ilustre de la India llamado Mahatma Ghandi, quien es conocido por su protesta pacífica en contra del gobierno inglés de su época y por exaltar la figura de Jesús como un maestro de sabiduría. Sin embargo, Ghandi manifestó que obtuvo su conocimiento sobre Jesús mediante la lectura de los Evangelios.

Si evaluamos este asunto de una manera objetiva, debemos considerar varios aspectos. Un hombre como Jesús no hubiera pasado desapercibido en ningún lugar donde se presentara. Sus enseñanzas y manifestaciones de poder serían más que suficientes para impactar o influir en la vida de aquellos con los que se cruzara, ya que eso fue lo que sucedió por toda la región de Palestina.

Al hacer un análisis de los documentos y las prácticas religiosas de las principales religiones del Oriente no existe tampoco evidencia alguna que corrobore este hecho. No hay conocimiento de milagros o discursos de Jesús en medio de grupos que lo reconozcan.

Las diferencias entre ambos movimientos religiosos son abismales. En términos teológicos, el cristianismo fomenta la creencia en un solo Dios, que es el Creador de todo cuanto existe. Una idea de esta magnitud a través de los mensajes de Jesús era suficiente para quedar expuesta en cualquiera de los movimientos religiosos del mundo oriental. No obstante, ni en el budismo, el jainismo, el hinduismo, el confusionismo o el taoísmo existe la idea de un mundo creado por un Dios personal. En el caso del budismo no hay un dios, solo la energía que controla el universo, elemento compartido con algunas de las corrientes religiosas antes mencionadas.

Además de este postulado teológico, el cristianismo está cimentado en una mentalidad salvadora a través del sacrificio de Jesús en la cruz. En otras palabras, Jesús es un Salvador y Redentor que redime de sus pecados a aquellos que creen en Él. Este es un elemento que no se encuentra en el pensamiento oriental, porque no hace falta dicha acción mediadora conforme a sus postulados.

Por lo tanto, es muy difícil aceptar que Jesús estuvo por el Oriente durante sus años ministeriales, ya que no hay evidencia directa que lo vincule con las religiones orientales. A la misma vez, nada de la literatura primitiva sobre Jesús refleja un testimonio oral o escrito de una influencia oriental. Por supuesto, en el mundo existen verdades universales que están presentes en las mentalidades religiosas de la mayoría de los seres humanos, pero eso no quiere decir que Jesús visitó los lugares para implantarlas o establecerlas.

Capítulo 5

# JESÚS CUMPLE SU PROPÓSITO DE VIDA

## ¿Cuál fue el momento más crítico en la vida de Jesús?

Es difícil escribir con respecto a la persona de Jesús en medio de una crisis existencial. La realidad es que Jesús vivió varios momentos críticos en su caminar por la vida. Entre ellos debemos señalar la negación de Simón Pedro. Sumémosle a ella la traición y el consiguiente suicidio de Judas Iscariote. Tampoco podemos dejar a un lado el desafío de Tomás con su incredulidad. Y como si fuera poco, el hecho de tener que ver a María presenciando su muerte en la cruz del Calvario.

Pensemos también en la decisión que hace el pueblo a favor de Barrabás y en contra de Jesús, una decisión que beneficia a un conocido y presunto bandido social, en vez de a un hombre que hizo tanto bien. Señalo todo esto para mostrar que cuando Dios habla de estar con nosotros en medio de nuestras situaciones, es porque las vivió en la persona de Jesús.

Sin embargo, de todas las experiencias dolorosas que Jesús vivió, el momento más crucial fue mientras oraba en el huerto de Getsemaní. Este momento está enmarcado en una serie de factores contextuales sin precedentes que se unen para crear una escena más crítica de lo usual. Jesús se encuentra en el huerto de Getsemaní, un sitio con un nombre bastante alusivo, pues en él había prensas de piedras para moler la aceituna y obtener el aceite. Jesús estaba literalmente en un lugar en el que habría de ser molido por la misión de su vida. Además, es de noche, ya Judas había salido a buscar a los guardias para que se llevara a cabo el arresto. Esto le creó una gran angustia, porque se acercaba la hora de la verdad, esa hora que ya le había anticipado a los discípulos en la que regresaría al Padre.

> Jesús estaba literalmente en un lugar en el que habría de ser molido por la misión de su vida.

También está el hecho de que Jesús invitó a sus discípulos a orar con él, pero ellos se quedaron dormidos, dejándolo solo con su carga.

Finalmente, Jesús se enfrenta a una encrucijada personal. Cumplía con su propósito o utilizaba el momento para darle rienda suelta a su voluntad y restaurar a Israel. Este conflicto interno implica un choque de voluntades: de una parte está su naturaleza divina, que tiene como objetivo salvar al pecador, y de otra parte está su naturaleza humana, esa que invita a derrocar al imperio opresivo para devolverle el esplendor a Israel. Jesús entra en un debate en medio de la oración, porque al levantarse de allí sabe que la decisión que tome no tiene retroceso.

El texto hace énfasis en la crisis describiendo que su sudor era «como grandes gotas de sangre que caían hasta la tierra» y que un ángel del cielo vino a fortalecerlo (véase Lucas 22:43–44). No hay mayor crisis que tomar una decisión sabiendo de antemano que la persona será torturada, vituperada, castigada y crucificada.

Sin embargo, establecer que este es el momento más angustioso de Jesús no le resta méritos. Por el contrario, lo eleva a la más alta posición, porque por encima de toda tentación, momento de angustia y lucha interna, entregó su vida en beneficio de los seres humanos que viven en un mundo de tinieblas.

### ¿CUÁL FUE EL INCIDENTE QUE LLEVÓ A JESÚS A LA CRUZ?

De las ofensas que se le adjudican a Jesús, la de mayor impacto y gravedad fue el escándalo que desató en el templo. Este es un hecho que un gran por ciento de eruditos acepta como histórico. Además, ellos explican y argumentan que este fue el incidente que al final lo llevó a la cruz. La entrada al templo de Jerusalén tiene muchas maneras significativas de apreciarse, pero nos limitaremos a aquellas que están vinculadas con nuestra línea de pensamiento.

Los textos bíblicos (Mateo 21:12–17; Marcos 11:15–19; Lucas 19:45–48 y Juan 2:13–22) nos revelan que Jesús fue al templo de Jerusalén y al ver lo que estaba pasando, se enfureció. No obstante, ¿qué era lo que estaba sucediendo? Los autores bíblicos dan por hecho que los lectores principales, entiéndase las personas de la época contemporánea a ellos, conocían las dinámicas del templo. Sin embargo, nosotros necesitamos un poco más de información.

El templo de Jerusalén era el centro desde el cual se atendían muchos de los procesos religiosos de la fe judía. Por eso, cuando fue destruido, algunos de los grupos religiosos desaparecieron al no existir el lugar sobre el que giraba todo su poder y control. Una de las actividades más relevantes que se llevaban a cabo en el templo eran los sacrificios de expiación, los cuales requerían un procedimiento riguroso según lo que se describe en las Escrituras de Israel. Ese procedimiento regulaba todos los detalles, desde el día que se realizaría el acto hasta el tipo de expiación (perdón de los pecados mediante el sacrificio de animales), así como las especificaciones de los animales que se podían sacrificar. Sin embargo, resultaba necesario que la persona llevara consigo al animal del sacrificio, lo cual podría ser complicado, ya que mucha gente tenía que trasladarse grandes distancias para llegar hasta el templo y se le hacía difícil traer a los animales por diversas razones. Por ejemplo, tal vez las personas trajeran desde sus hogares a los animales para el sacrificio y estos no llegaran en las condiciones requeridas para el acto. Es posible que el animal resultara herido, enfermara, no tuviera la edad requerida o muriera. Cuando las personas llegaban al templo, tenían que hacer pasar a sus animales por una inspección rigurosa para que fueran certificados finalmente como aprobados antes de la realización del sacrificio.

Los sacerdotes eran quienes hacían las inspecciones de los animales y emitían la autorización final. ¿Qué opciones tenían entonces las personas que perdían sus animales o qué sucedía si estos no pasaban las inspecciones? ¿A qué lugar podían ir a reclamar la decisión del sacerdote? No tenían opciones y no existía un foro apelativo para tales efectos. Las personas lo más que podían hacer, en caso que sus animales fueran declarados impuros, era comprar animales aprobados por el mismo sacerdote que los declaró impuros o cambiar los que tenían por otros más aceptables pagando la diferencia.

Este negocio lo realizaban personas llamadas «cambistas», y obviamente los sacerdotes recibían un por ciento de parte de ellos por las decisiones desfavorables con respecto a los animales para los sacrificios que llevaba la gente. Esto convertía a las inspecciones en procesos injustos, discriminatorios y opresivos, causando el desaliento de los practicantes de la fe al llevar a cabo un acto de tanta relevancia como la expiación.

Tal situación fue la que causó la indignación de Jesús: el tráfico comercial indebido y el fraude que tenían los sacerdotes con los cambistas en detrimento de las personas víctimas de sus juicios. Ellos habían convertido la casa de Dios en una cueva de ladrones. Todavía en nuestros tiempos esta práctica se puede palpar, pues siguen vigentes los juicios costosos y onerosos en contra de los oprimidos. La fe se continúa comercializando desde muchas plataformas, asegurándole a la gente que recibirá lo que necesita. Prometen sanidades, milagros y prodigios a cambio de ofrendas y regalías. ¡Qué situación tan lamentable, porque los templos son para acercarnos a Dios tal como somos y permitirle que su amor nos cubra independientemente de nuestras situaciones contextuales! Hay quienes creen que los tiempos y los ciclos se repiten. Es importante aprender de las experiencias de ayer y no perpetuarlas en las conductas de mañana.

Definitivamente, Jesús tenía que manifestar su amor en beneficio de los oprimidos y en contra de los opresores.

> Definitivamente, Jesús tenía que manifestar su amor en beneficio de los oprimidos y en contra de los opresores.

No debemos olvidar que quien denuncia estas acciones tiene que estar dispuesto a esperar los efectos, puesto que atenta contra los intereses económicos ocultos detrás de las grandes estructuras de poder, que se nutren del oportunismo y el egoísmo.

Hemos explicado cuál era una de las funciones que el templo cumplía en la vida religiosa de los judíos con la intención oportuna de que el lector pueda evaluar con mejor criterio el encuentro entre Jesús, los sacerdotes y los cambistas. Hay eruditos que piensan que este fue el acto que convirtió a Jesús en objeto de persecución, ataques contra su persona, y por último lo llevó a su muerte en la cruz.

Es posible que este suceso haya agravado las persecuciones en su contra, pero por otro lado, aquel que hubiera osado profanar el lugar sagrado no hubiera tenido la opción de vivir para contarlo. Dominic Crossan alega que esa es la razón por la cual este acontecimiento no sucedió de esta manera, pues si no Jesús hubiera sido ejecutado en el momento. Por otra parte, al evaluar la ejecución de Jesús, la misma no concuerda con las leyes establecidas y aplicables a toda aquella persona que profanaba el lugar sagrado. Existía una inscripción en el templo que establecía que toda persona que profanara aquel lugar sagrado sería ejecutada mediante la lapidación. Jesús no murió apedreado, sino crucificado. A nadie en ese tiempo se le crucificaba por profanar el templo, por lo que entendemos que si hubieran querido lapidarlo, es decir matarlo apedreado, ese era el momento oportuno.

Existe pues una incógnita: si Jesús profanó el templo y esta era una ofensa lo suficiente válida para morir por lapidación según la ley, ¿por qué fue crucificado posteriormente mediante una sentencia romana y no lapidado en ese mismo momento por los sacerdotes del templo? Comparto la siguiente teoría que ha sido expuesta por otros antes que este autor y la cual he hecho mía por muchos años. Creo que en el templo no sabían quién era Jesús en el momento de la confrontación. Imagino que al ver tanta gente siguiéndole se preocuparon más todavía. Por lo tanto, los sacerdotes del templo no se arriesgaron a desatar una lucha con un hombre de tanta aceptación. Tuvieron cuidado, prefiriendo desarrollar una estrategia para eliminarlo. Con todo, hasta este momento tenemos que concluir que Jesús pudo haber sido ejecutado por la conducta exhibida en el templo.

## ¿QUIÉN ERA HERODES EL GRANDE?

Durante el siglo I antes de Cristo, en la región de Judea se libraron grandes batallas entre los asmoneos y los griegos dominantes de las dinastías de Alejandro Magno. Uno de los líderes asmoneos de mayor renombre fue Hircano, quien fungía como un primer ministro aliado con Roma para liberar a la región de las manos griegas. Junto a Hircano se encontraba un hombre que aprovechó bien las oportunidades, llamado Antípatro, que fue el padre de Herodes. Este último provenía de la región de Idumea (Edom) y su madre era nabatea, una de las razones por las cuales los judíos no creían en él. Una vez que los griegos fueron expulsados, los asmoneos hicieron pactos con los romanos para

dominar la región de Palestina. A la muerte del emperador romano Julio César, el imperio se desequilibró y hubo
grandes luchas por el poder. Una vez pasada la crisis, la
región de Palestina ya se encontraba en manos de Herodes el Grande, quien se las ingenió para obtener el poder
mediante muertes y la usurpación. Herodes estableció una
nueva dinastía con la aprobación de Roma, reinando desde
el año 37 a. C. hasta el 4 d. C.

Su habilidad política, su mente maquiavélica y sus ansias
de poder lo convirtieron en el hombre de mayor relevancia
en la zona. Ese Herodes aprovechó la oportunidad para asegurar su poder en la región, actuando igual que su padre.
La siguiente cita nos ayuda a comprender y apreciar la
capacidad política de Herodes el Grande.

> Herodes (al igual que su padre Antípatro con
> respecto a Julio César) había sido capaz, con
> una «*souplesse*» típicamente oriental, de gran-
> jearse la amistad primero de Casio, después de
> Antonio, y de Octavio a la postre, alineándose
> desenvuelta y oportunamente con el vencedor
> de turno capaz de implantar su dominio en la
> zona. De este modo, y aunque a la sombra de
> la soberanía de Roma, logró mantener fuera de
> su territorio a las tropas de ocupación romana
> que, sin embargo, se asentarían allí el mismo
> año de su muerte. (Penna.)

Herodes se las arregló y viajó a Roma con una propuesta para el nuevo emperador romano, Octavio. La misma consistía en un acuerdo de poder sobre la región de Palestina. Su propuesta le permitía mantener el poder como monarca de Judea, Galilea y Jerusalén. A cambio, Roma recibiría un tesoro anual compuesto de los tributos recaudados por el rey idumeo. Los tesoros serían colectados por los publicanos y protegidos por los herodianos, grupos que trabajaban ambos para Herodes. Augusto César, de nombre original Octavio, exigió que Herodes se comprometiera a mantener el orden en la región, mientras que Roma se guardaba el derecho de nombrar gobernadores o prefectos debidamente protegidos por tropas romanas.

Así fue como Herodes se mantuvo siendo el rey de Palestina, aunque a veces se pareciera a una marioneta del poder romano, el cual mantenía a la región bajo el estatus de colonia del imperio.

Con este arreglo de poder, Palestina se enfrentaba a uno de los problemas más críticos que pueda atravesar una nación o un pueblo: estar bajo el yugo de muchos poderes a la vez. Por una parte el Imperio Romano promulgaba sus leyes desde su centro de poder. Por la otra, Herodes impartía órdenes para manejar su reino, buscando siempre agradar a los señores poderosos. A este proceso se le llama helenización en muchos de los libros de referencia. He aquí una de las citas históricas que hacen referencia a dicho tiempo:

Herodes el Grande no solo expandió el monte del templo de Jerusalén con dinero de los impuestos colectados, sino que edificó templos en honor a los dioses y emperadores romanos. (Hanson & Oakman, *Palestine in the Time of Jesus: Social Structures and Social Conflicts*.)

Además de Herodes y Augusto César, los judíos mantenían vigentes sus sistemas de leyes debidamente contenidos en sus libros: la Torá y el Talmud. El primero de ellos es un libro sagrado que contiene la ley de Israel y constituye la base y el fundamento del judaísmo. El Talmud está formado de dos partes: la Mishná y la Gemará. La Mishná es el texto legal principal compuesto por seis divisiones y la Gemará es el comentario. (Dee.) Es también un libro sagrado que contiene leyendas, historias y relatos llenos de sabiduría. Además, tiene preguntas formuladas para la ilustración del pueblo. (Dee.) El resultado de esta mezcla de leyes, ordenanzas e instrucciones es el sometimiento de un pueblo a una mentalidad opresiva.

> El resultado de esta mezcla de leyes, ordenanzas e instrucciones es el sometimiento de un pueblo a una mentalidad opresiva.

Herodes es conocido en el mundo de la historia de Israel por sus grandes construcciones en toda la región. Entre las más notorias están el segundo templo, la planicie de la explanada del templo, así como las ciudades de Masada, Decápolis y Cesarea Marítima. Su destreza en arquitectura y construcción era impresionante.

En cuanto a los poderes políticos de Herodes y con el tiempo de sus herederos, todos estaban limitados por Roma. Su reinado se distinguió por dos características peculiares. La primera fue sus grandes construcciones, las cuales todavía hoy son fuente de admiración para los que viajan a la Tierra Santa. El concepto Tierra Santa se utiliza en este libro para referirse al territorio bíblico del tiempo de Jesús y que hoy en día es visitado por miles de turistas religiosos del mundo. No lo utilizamos con el fin de atentar contra la fe de ninguna de las religiones de esa región y mucho menos de los diferentes grupos étnicos que alegan tener autoridad sobre ella. Con tales construcciones agradó a los señores del Imperio Romano. Esto le trajo graves malestares sociales y múltiples ataques contra su persona. Josefo, el historiador judío y una de las fuentes de información más fieles, relata en innumerables citas las obras de construcción de Herodes el Grande. (Josefo, 15:8.)

La segunda característica de su reinado fue el abuso de poder y la forma despiadada en que atentaba contra la vida de las personas de Palestina. Algunas de sus ejecutorias funestas aparecen en la siguiente cita:

> Su reino fue opresivo y opulento. En el curso
> de sus treinta y tres años de gobierno no pasó

un día sin que hubiera una muerte. En el año 37 a. C. asesinó a cuarenta y cinco nobles de Jerusalén que pertenecían a la casa de los macabeos (asmoneos) y les confiscó sus propiedades. Cambiaba los sumos sacerdotes como si estuviera cambiándose de ropa. Exterminó a los miembros del Sanedrín en una ocasión excepto a uno. Fulminó a los fariseos. Ejecutó a todos los que estuvieran en contra de su reino y de sus obras. (Josefo, 15:11.)

La literatura bíblica hace referencia a Herodes el Grande y relata que cuando se entera del nacimiento del Rey de Israel, es decir, Jesús, de inmediato emite una orden para ejecutar a todos los niños recién nacidos hasta la edad de dos años (véase Mateo 2). La única fuente de información para esta matanza aparece en la Biblia. A pesar de los debates en cuanto a la veracidad de esa acción, existen varios escritores que la acreditan. Ellos plantean la posibilidad de que en Belén no hubiera muchos niños y de que siendo Belén una aldea insignificante, no habría existido la oportunidad de registrar semejante masacre. Claro, el relato bíblico busca resaltar la imagen cruel de Herodes en contra de los elementos detallados durante el nacimiento de Jesús y su pánico al pensar que el verdadero Mesías venía a buscar su trono, el cual había sido usurpado por él. La historia de Herodes le da valor a la vida de Jesús, porque pertenecen al mismo tiempo y contexto social. Herodes muere cuando Jesús ya estaba en Egipto protegido por María y José. A su muerte le suceden tres de sus muchos hijos: Antipas, Arquelao y Filipo.

## ¿Quién era Herodes Antipas?

Una vez que Herodes el Grande muere, algunos de sus hijos reinaron en su lugar durante el tiempo de Jesús. Hubo problemas con la herencia del reino, porque tenía muchos hijos. Así que el emperador romano Augusto César, haciendo uso de su poder y con el consejo de los magistrados romanos, dividió en tres toda la región de Palestina.

El emperador ofreció una audiencia para determinar cómo distribuiría el poder. Al finalizar la sesión y luego de dejar pasar unos días, le asignó a Arquelao la mitad del reino con el título de etnarca, prometiéndole hacerlo rey si se mostraba digno de ello. La región de Arquelao abarcaría desde Jerusalén hasta toda la región de Judea. Dividió la otra parte del territorio de Palestina en dos tetrarquías y se las asignó a los otros dos hijos de Herodes: una a Filipo y la otra a Antipas, quienes había contendido contra Arquelao por la sucesión del trono.

Arquelao fue destituido por incompetente. Roma ya había establecido procuradores, entre ellos Poncio Pilato, quien denunció la incompetencia de Arquelao. Por tal razón, la impopularidad alcanzó su reinado y César Augusto terminó deponiéndolo el año 6 d. C. y haciéndolo regresar a Roma. La provincia estaría directamente gobernada por el emperador, los otros dos Herodes (Antipas y Filipo en el norte), y se continuaría nombrando prefectos romanos a fin de velar por el fiel cumplimiento de la ley del imperio y la seguridad de los ciudadanos romanos en el territorio. Así fue que con el tiempo Poncio Pilato llegó al territorio. Roma era dueña de toda la región, pero los Herodes en el norte mantenían su jurisdicción.

En el caso de Herodes Antipas, él no era rey, aunque actuaba como si lo fuera. Fue el tetrarca que dominaba la jurisdicción de Galilea y se enfrentó a Jesús en el momento de su proceso criminal. Este detalle histórico lo confirma Lucas en su Evangelio, mencionando el momento en que Pilato se encuentra ante Jesús. Tal suceso nos indica que todavía el poder de la dinastía Herodes estaba presente. Y Antipas fue igual de cruel que su padre.

A pesar de su vida inmoral criticada por Juan el Bautista, asunto por el cual dicho profeta resultó ejecutado, Antipas fue un gran líder político. Mantuvo la región en bastante orden evitando las guerras civiles, y con ello consiguió que Roma se mantuviera al margen de las luchas internas. Respetó a los ciudadanos judíos hasta donde le fue posible, lo cual le dio cierta estabilidad a la región. Su mayor des-asosiego fue tratar de desaparecer a su esposa para casarse con su cuñada, la esposa de su hermano Filipo, conocida con el nombre de Herodías.

Este fue el acto que hizo que Juan el Bautista se levantara en su contra, denunciándolo públicamente. Su acción produjo su arresto y posteriormente su decapitación. Eso creó un gran resentimiento en la región, pues a pesar de todo Juan era un líder a quien el pueblo le tenía consideración, y Antipas por su parte mantenía su gran fama de inmoral.

Aretas, el padre de la esposa de Antipas era un rey nabateo poderoso que marchó contra su yerno para defender la dignidad de su hija. Destruyó su ejército y el pueblo vio esto como una venganza divina por la muerte de Juan. Este es un detalle interesante cuando se compara con algunas expresiones despectivas sobre la figura de Juan el Bautista. Muy al contrario de lo que a veces se quiere establecer sobre la apatía de la gente con respecto a Juan, Flavio Josefo hace una referencia digna de evaluar.

Hombres de todos los lados se habían reunido con él, pues se entusiasmaban al oírlo hablar. Sin embargo, Herodes, temeroso de que su gran autoridad indujera a los súbditos a rebelarse, pues el pueblo parecía estar dispuesto a seguir sus consejos, consideró más seguro, antes de que surgiera alguna novedad, quitarlo de en medio, de lo contrario quizás tendría que arrepentirse más tarde. Es así como por estas sospechas de Herodes fue encarcelado y enviado a la fortaleza de Maqueronte, de la que hemos hablado antes, y allí fue muerto. Los judíos creían que la derrota del ejército fue cosa de Dios, que quiso castigar a Herodes por haberlo condenado. (Penna.)

Ciertamente, Herodes Antipas estaba ciego con su poder, lo cual lo llevó a realizar actos en contra de la vida humana. Estamos estableciendo que estas acciones son el reflejo de los poderes que interactuaban en el tiempo de Jesús. Sabemos que este Antipas se enfrentó a Jesús, un dato bíblico que es fácil de evidenciar con la historia. La actitud ante Jesús pudo haber estado influenciada por el ambiente que provocó su decisión contra Juan el Bautista. A esos efectos, consideremos la siguiente cita:

> El resentimiento por la muerte del Bautista probablemente persuadió a Antipas a no tomar acción alguna contra Jesús [ … ] Él quiso evitar posibles problemas, pero se vio imposibilitado a tomar acción porque no tenía evidencia en contra de Jesús como causante de problemas políticos. (Dee.)

No hay dudas de que la dinastía de Herodes mantenía cierto poder sobre la región. Su forma de hacer política ciertamente se enfrentaría con el ministerio de Jesús en algún momento del camino. Así fue. La vida de Herodes Antipas le da valor a la de Jesús, ya que se cruzaron y en varias ocasiones Antipas trató de atraparlo. Esas eran las ocasiones en las que Jesús decidía irse por el camino de los samaritanos o les decía a sus discípulos que pasaran a la otra orilla.

## ¿Quién era Poncio Pilato?

Poncio Pilato sirvió como el quinto procurador romano en Judea desde el año 26 al 36 d. C., siendo nombrado por el emperador romano Tiberio César. Sus diez años de gobierno están marcados por controversias, luchas y, en muchos aspectos, la incompetencia. Nunca gozó del respeto de los judíos y en muchas ocasiones fue manipulado por algunos de ellos. Pilato provenía de la clase alta de la estructura política de Roma. Su decisión de ir y servir como procurador de Roma en Judea tenía una razón potencial. El propósito era tener la suficiente experiencia para convencer al senado romano de que se le concediera una silla en dicho cuerpo legislativo. Sin embargo, su esfuerzo se vio manchado por varias razones.

Antes de que Pilato llegara a Judea, los romanos ocuparon militarmente la región de Palestina, mientras que los judíos mantenían cierta autonomía en sus leyes y prácticas religiosas. El gran Sanedrín judío era el concilio religioso de mayor jerarquía, el cual estaba dirigido por el sumo sacerdote, quien mantenía su vigencia y cuyas acciones en muchas ocasiones estaban subordinadas a las leyes seculares romanas. Las tensiones surgían mayormente cuando los intereses romanos entraban en conflicto con las prácticas religiosas de los judíos, y Pilato típicamente manejaba la situación de forma inadecuada.

En el caso de Pilato, su mayor responsabilidad era velar para que los ciudadanos romanos estuvieran seguros. Él vivía en Cesarea Marítima y viajaba a Jerusalén en ocasión de las fiestas judías. Tenía poder para movilizar sus tropas por cualquier razón en el momento que fuera necesario y que a su juicio resultara inminente intervenir. Sin embargo, debido a las amenazas y violencias creadas por los judíos, en varias ocasiones se vio obligado a retractarse de su conducta. No tenía fama de ser tan bondadoso como lo describen en los Evangelios. Su nombre está incluido en el Credo de los Apóstoles por ser él quien lleva la carga de la sentencia sobre Jesús. Hay evidencia de su crueldad y su estilo de gobernar como veremos a continuación.

Una de las hazañas relatadas en la historia de este prefecto romano fue la construcción de un acueducto en Jerusalén. Evaluando la situación de falta de agua, determinó la construcción, pero a la misma vez no tenía los fondos para llevarla a cabo. Entonces, sin consultar previamente a los sacerdotes o autoridad alguna, saqueó los tesoros sagrados del templo y comenzó la construcción del acueducto, el cual pudo terminar. De esa forma llevó agua desde el estanque de Siloé a otras partes de Jerusalén.

En el año 36 d. C. asesinó a un gran número de adoradores que se encontraban en el templo. En una ocasión colgó los escudos con su propia inscripción y la del emperador Tiberio en los muros del palacio de Herodes, el lugar donde se alojaba en Jerusalén. Su último acto como prefecto fue la intervención con soldados a caballo y a pie de una procesión de samaritanos en territorio santo, causando la muerte de algunos de ellos.

Por esta razón, los samaritanos se quejaron a Siria y Pilato fue enviado a Roma a fin de ser interrogado por estos acontecimientos. Luego de ese suceso se perdió su rastro y no se sabe nada de su final. Su desprecio por los judíos y su afección al culto lo llevaron a cometer actos intolerables. Veamos la siguiente cita:

> Se convirtió en una persona inflexible, cometiendo actos de corrupción, insultos, violaciones, descargas contra la gente, arrogancia y múltiples asesinatos de personas inocentes. (Dee.)

En cuanto a su participación en la vida de Jesús, es él quien como procurador romano autoriza a los judíos a ejecutarlo según desean, por medio de la crucifixión. Esta decisión es controversial, porque existe la creencia de que Pilato lo hace para evitar las molestias con los religiosos de su época. Por otra parte, él autoriza la muerte, pero no se hace responsable de ella para que no le complique sus aspiraciones al senado romano.

Hoy en día se quiere hacer ver que Pilato no crucificó a Jesús, ya que su crucifixión no se encuentra entre las muertes llevadas a cabo debido a sentencias emitidas por él. Hay que tener cuidado con esto, porque existe un libro apócrifo llamado *Actos de Pilato* que algunos creyentes tienen por cierto. El libro es interesante, pero su veracidad resulta altamente cuestionable. Sin embargo, una buena explicación para la ausencia del nombre de Jesús en la lista de los condenados es que Pilato realmente no lo condenó. Jesús no violó ninguna ley romana. Él no halló culpa alguna por el delito de que lo estaba acusando. Si Pilato crucificaba a un inocente mediante un juicio falso, eso le costaría las aspiraciones al senado romano. Por lo tanto, permitió su muerte sin sentenciarlo y se lavó las manos.

## ¿A CUÁNTOS JUICIOS SE ENFRENTÓ JESÚS?

El tema del número de juicios a los que se enfrentó Jesús ha sido una de las controversias menos atendidas a través de los años. Una de las razones es que la mayoría de los esfuerzos han estado dirigidos a negar su existencia, pues así no hace falta hablar de su muerte en la cruz del Calvario o su resurrección. Hay escritores que han establecido que Jesús se enfrentó a siete juicios, otros alegan que fueron cuatro, y hay quienes simplemente se inclinan por dos: el juicio religioso del Sanedrín y el juicio romano ante Pilato. En cuanto a este aspecto es interesante explicar por qué se tienen en cuenta estos dos juicios y qué sucedió en la entrevista con Herodes Antipas de Galilea.

Jesús fue arrestado por las autoridades religiosas judías. Estas personas eran las que juzgaban todo tipo de situación religiosa en el mundo judío. Considere qué le podría importar a Roma que Jesús hiciera milagros y hablara del reino de los cielos; para ellos no era nada significativo, pero para el Sanedrín judío sí representaba un estorbo. Al arrestarlo, en la noche (conforme a algunos historiadores, la tradición y los textos bíblicos), Jesús se enfrentó a un juicio ilegal frente al Sanedrín. Era ilegal porque se violaron muchas de las leyes establecidas para este tipo de procedimiento y no se consideró, en beneficio del acusado, que la prueba existente era insuficiente. Lo pudieron haber juzgado por falso profeta y ejecutarlo mediante la lapidación, pero ese no fue el veredicto.

Al otro día, los líderes religiosos presentan a Jesús ante el procurador romano a fin de que lo juzguen por un delito llamado sedición. Este es un delito de alta traición contra el estado, el cual involucra a la persona que tiene un movimiento subversivo y quiere derrocar al gobierno mediante un golpe de estado. Sin embargo, Pilato no halló culpa alguna en Él. No obstante, al escuchar que era galileo, lo envió a la presencia de Herodes Antipas, quien estaba en Jerusalén por motivo de la fiesta de la Pascua.

Este movimiento estratégico de Pilato se pudo llevar a cabo porque existía un acuerdo de ley que establecía el poder de Herodes para juzgar a las personas de Galilea. Por esta misma razón es que él pudo juzgar a Juan el Bautista. Herodes entrevista a Jesús, pero no considera que representa una amenaza para él. Además, no quiere echarse encima un problema adicional con el pueblo, ya que no se han podido recuperar de la ejecución de Juan el Bautista.

Herodes devuelve a Jesús a Pilato y ocurre algo sin precedentes. Pilato no halla culpa en Jesús, pero permite que lo ejecuten al estilo romano, mediante la crucifixión. El Sanedrín se hace cargo de los detalles y el escarnio público. Por otra parte, para el mundo romano constituía una oportunidad más de demostrar su poderío frente a los enemigos utilizando la muerte de Jesús como un ejemplo de lo que eran capaces de hacer.

Por lo tanto, Jesús se enfrentó a unos procedimientos irregulares que no pueden ser llamados juicios. Esto significa que fue asesinado por los poderes de la época, tal y como lo predijo a sus discípulos.

## Capítulo 6

# LA MUERTE Y LA RESURRECCIÓN DE JESÚS

### ¿A QUÉ SE ENFRENTÓ CRISTO ANTES DE LA CRUZ?

UNA DE LAS facetas más impresionantes de Jesús es que sabía cuál era su final. No hablamos de la cruz, sino de la resurrección, aunque esta no sucedería sin que ocurriera la primera. Así las cosas, después de vencer en Getsemaní, el hecho inicial que enfrenta Jesús es la traición de Judas. Judas no solo vende a Jesús, sino que se convierte en el informante de las autoridades para que se pueda llevar a cabo su arresto. El informante en ese tiempo era la persona que proveía los datos básicos de las supuestas acciones delictivas del criminal. Esto quiere decir que Judas se las arregló para que las acciones de

Jesús fueran interpretadas como actos delictivos, pues Él era inocente a pesar de que fue puesto bajo arresto.

Ciertamente, Jesús había actuado de una manera que le traería problemas por desafiar a las autoridades judías, pero no había hecho nada que lo llevara a la cruz. Algunos actos desafiantes de Jesús fueron el incumplimiento de las leyes sobre el sábado, el contacto con los pecadores, los discursos hirientes y ofensivos contra los líderes religiosos, actos de impureza y su furia dentro del templo. El gran Sanedrín judío pudo haber realizado algunas gestiones para acusarlo de falso profeta o de hacerse llamar Hijo de Dios, además del hecho de abrogarse la facultad de perdonar los pecados o compararse a Dios. El castigo por tales cosas era morir apedreado. Esto quiere decir que Judas o los sacerdotes se las ingeniaron para que el delito trascendiera y llegara a las autoridades romanas. Así el Sanedrín salía de Jesús con las manos limpias.

Durante el arresto hasta la acusación ante Poncio Pilato, Jesús fue puesto bajo encarcelamiento en la casa de Caifás. Se trataba de un calabozo oscuro, al cual no llegaba la luz. Allí un prisionero vivía horas de incertidumbre, abandono y soledad absoluta. La comida se lanzaba desde un piso superior, igual que el agua. La idea era que el reo sufriera y se alterara emocionalmente. Una vez que Jesús es expuesto a la luz de nuevo y muy probablemente siendo el objeto de múltiples golpes e injurias, llega a su encuentro con sus acusadores.

Él es llevado ante las autoridades romanas. Como ya explicamos, los soldados romanos que estaban destacados en puestos distantes de provincias lejanas vivían llenos de odio, coraje y frustración en comparación con los que residían en la capital. Con ese sentimiento dominando su mente, cada vez que aparecía alguien que pudiera ser la causa de su estadía lejana, dicha persona pagaba un precio alto por su afrenta. Este fue el caso de Jesús. Para los romanos Él no era nadie, solo un traidor al estado. Era enemigo de César, así que se convirtió en el entretenimiento atroz de soldados sin misericordia que le aplicaron toda la furia contenida en sus almas, llenos de burla y sarcasmo. De ahí los azotes, la corona de espinas, el cetro y la mofa colectiva.

Es bueno considerar que antes de la cruz Jesús tuvo que vencer muchas cruces. Su valor es distinguible, pues Él vino a morir en la cruz. Por lo tanto, no permitió que acciones previas lo

> ...antes de la cruz Jesús tuvo que vencer muchas cruces.

desenfocaran o desviaran de su misión salvadora. Cuando Jesús llegó finalmente a la cruz del Calvario, estaba destruido físicamente como hombre. Su cuerpo se encontraba lacerado, drenado y deshidratado. Sus músculos a punto de colapsar. Sus pulmones buscaban oxígeno antes de morir. El corazón se le rompía en pedazos. Sin embargo, su mente estaba lúcida. Piense que antes de morir Jesús venció al ejército más poderoso del mundo en ese momento mientras pedía perdón por ellos y sus acciones.

## ¿Murió Jesús en la cruz?

Una de las interrogantes más persistentes en la historia de Jesús es si realmente murió en la cruz del Calvario. Este debate nace de un par de historias fundamentadas en argumentos lógicos, pero que son solo eso, argumentos. El primero de ellos es que todas las crucifixiones sentenciadas por el Imperio Romano tienen que ser registradas por el prefecto romano para efectos del estado. Se objeta que en los registros de la época no existe la crucifixión de un hombre llamado Jesús, a pesar de que aparecen otras crucifixiones, como la de Judas el Galileo. El segundo argumento es que Jesús no murió en la cruz, porque solamente Roma tenía poder para crucificar y según el relato, Pilato no halló culpa alguna en Él.

Ambos argumentos merecen ser considerados con la mayor objetividad posible frente al relato bíblico, de forma tal que los podamos contestar a la vez. Jesús es arrestado por las autoridades judías, quienes a su vez exigen la muerte del acusado debido a violaciones a las leyes religiosas y por supuestamente atentar contra el estado. Pilato lo absuelve del delito de sedición en contra del estado, pero no lo puede exonerar de los delitos religiosos, porque esa acción les toca a los líderes judíos. La multitud aclama la crucifixión como pena de muerte para Jesús. Pilato la concede.

Esa concesión no implica un juicio de Pilato, por lo que no tenía que hacer constar esa muerte en su registro. Esta muerte pudo significar para él un linchamiento más de los judíos, que se quisieron desquitar la afrenta de Jesús en el templo. Pilato no tenía nada que perder. Si lo acusaban de la muerte de Jesús, podía defenderse arguyendo que su propio pueblo pidió su muerte. Si alegaban que se dejó llevar por los religiosos de su época, podía disculparse diciendo que hizo todo lo posible, pero el acusado no se defendió a sí mismo.

Por otra parte, debemos aceptar que Jesús murió en la cruz conforme al relato vivo sobre su muerte. Este relato lo encontramos en dos fuentes: una provista por Flavio Josefo y la otra en un documento de la época recogido por el autor Romano Penna. El relato de Josefo, que ya citamos anteriormente, señala:

> Por aquel tiempo existió un hombre sabio llamado Jesús, si es lícito llamarlo hombre; porque realizó grandes milagros y fue maestro de aquellos que aceptan con placer la verdad. Atrajo a muchos judíos y muchos gentiles. Él era el Cristo. Delatado por los principales responsables de entre los nuestros, Pilato, lo condenó a la crucifixión. s

Además tenemos la declaración adicional tomada del libro de Romano Penna en la que nos asegura que Jesús murió en la cruz para el tiempo de la Pascua judía y que ofrecemos a continuación:

> Fue transmitido: En la vigilia del sábado y de la Pascua se colgó a Jesús, el nazareno. Un heraldo durante cuarenta días fue gritando a tal efecto: El nazareno sale para ser lapidado, porque ha practicado la magia y ha instigado y desviado a Israel. Cualquiera que sea sabedor de algo en su descargo que venga y lo haga público. Pero no encontraron disculpa alguna a su favor, y lo colgaron la vigilia del sábado y de la Pascua. (Penna.)

Todo esto nos permite establecer que hay más fundamentos que apoyan la muerte de Jesús en la cruz que aquellos que se pueden presentar en su contra.

## ¿Resucitó Jesús de los muertos o se robaron el cadáver?

El dilema de la realidad sobre la resurrección de Jesús llevó a muchos a pensar que los discípulos se habían robado el cadáver. La Biblia manifiesta que las autoridades religiosas, al escuchar de la resurrección de Jesús, ordenaron que se divulgara la noticia de que los discípulos se habían robado el cadáver (Mateo 27:62–67). Con esta artimaña le restaban méritos a la resurrección de Jesús. Este es el mismo texto que utilizan algunas personas para atacar la fe tratando de desmentir el acto de la resurrección y confundir al cristianismo.

El asunto es que dicha versión tiene por lo menos tres problemas de contradicción con los propios versículos bíblicos. Y además de lo anterior, existen textos que explican con claridad el asunto de la tumba vacía y de que Jesús se le apareció solamente a los discípulos. Atendamos ambas inquietudes con nuestras propias fuentes de investigación.

Los textos bíblicos reafirman que fueron las autoridades las que se acercaron al procurador romano Poncio Pilato para exigirle que asegurara la tumba. Su temor era que alguien se

> Jesús se le apareció solamente a los discípulos.

pudiera robar el cadáver y creara la falsa realidad de que Jesús había resucitado tal como lo predijo. Si el procurador romano envió a sus guardias a velar la tumba y además cubrieron los bordes con pintura para estar seguros de que nadie movería la piedra, ¿cómo es posible que se hayan robado el cuerpo? No tiene sentido que ante tanta seguridad unos pobres y aterrados pescadores, fuera de su región de residencia, se atrevieran a llevarse el cadáver. Los discípulos estaban velando más por su vida que por el cuerpo de su Maestro.

Por otra parte, debemos pensar más objetivamente. Si fuera cierto que se lo robaron, ¿cómo lo hicieron? ¿Dónde lo pusieron? Es difícil pensar que un grupo de pescadores estuvieran corriendo por Jerusalén con el cuerpo de Jesús en plena fiesta de la Pascua sin ser vistos. Les hubiera tomado más de seis días llegar a Galilea con el cuerpo de Jesús. Esto no sería posible, pues los hubieran detectado y ejecutado en el acto. Más bien, los discípulos se sentían desalentados y desconocían lo qué estaba sucediendo en ese momento.

En cuanto a los textos tenemos que afirmar que las narrativas de la tumba vacía son solo historias para validar que Jesús fue sepultado y sus seguidores querían velar por su cuerpo, especialmente las mujeres. Nadie pensó en robarse el cadáver, porque las mujeres habían previsto perfumar el cuerpo. ¿Cómo irían a perfumar a un cadáver que ellos mismos se robaron? De hecho, el planteamiento más fuerte de los textos bíblicos es el debate sobre quién habría de mover la piedra del sepulcro.

El asunto que plantean en cuanto a que Jesús solo se les presentó a los discípulos y por eso la resurrección no es tan válida resulta débil. Primero, porque les dan crédito a las versiones bíblicas para después desmentirlas. Así que aquí tenemos un problema: ¿creemos o no creemos? Segundo, porque no solamente los discípulos son los que alegan que Jesús resucitó. Comencemos por Santiago, el hermano de Jesús. Este era un individuo que según la historia relata nunca creyó en su hermano. La tradición establece que le pedía a María que por favor lo callara antes de que los castigaran a todos por su culpa. En el momento en que Jesús muere y posteriormente resucita, el que se hace cargo del ministerio es Santiago, el que no creía. El mismo que al final de su vida muere lapidado frente al templo por dirigir a las comunidades de fe entre los judíos cristianos en Jerusalén. La única forma de que haya tenido lugar un cambio tan radical como para que alguien actuara de la forma en que lo hizo Santiago es que se haya encontrado con el Jesús resucitado.

Por otra parte, tenemos a Pablo. Saulo de Tarso, mejor conocido como Pablo, no era del círculo original de los discípulos de Jesús, sino que más bien se cree que persiguió a los cristianos como judío hasta matarlos. Sin embargo, una vez que Pablo tiene un encuentro personal con Jesús, su visión cambia y da testimonio de Él, afirmando que Jesús se le apareció al igual que a Santiago.

Estas dos apariciones son las que le dieron vida a la iglesia. Por parte de Santiago a la comunidad de cristianos judíos y por parte de Pablo a la comunidad de cristianos gentiles. Ambas testifican que Jesús resucitó.

## ¿ES CIERTO QUE APARECIÓ UN SARCÓFAGO CON LOS SUPUESTOS RESTOS DE JESÚS EN JERUSALÉN?

En tiempos recientes el Discovery Channel presentó un documental al que llamaron «La verdadera historia de Jesús». Para su programa especial utilizaron varias fuentes de investigación, pero como suele suceder, obviaron otras que también eran necesarias para llegar a las conclusiones que obtuvieron. En uno de los debates expuestos en el documental se consideró la posibilidad de que Jesús no hubiera muerto en la cruz y lo hiciera más tarde. Para promover su teoría consideraron un descubrimiento arqueológico en el cual se asegura que se encontró en Jerusalén una fosa común con muchos sarcófagos. Estos sarcófagos contenían inscripciones en la parte inferior externa para ser identificados. Las inscripciones estaban escritas en latín y la forma de las letras podía sugerir la época en que fueron hechas. Se alega que uno de los sarcófagos mostraba la inscripción siguiente: «Jesús, hijo de José». Así que llegaron de inmediato a la conclusión de que ese podría ser el sarcófago de Jesús y que la historia que habían contado hasta ahora podría ser falsa. Veamos, en el tiempo de Jesús los judíos no enterraban a los cadáveres en ataúdes ni en fosas comunes. El cadáver de la persona era sepultado en una tumba si la familia tenía dinero para ello. Los judíos no ponían sus cadáveres en sarcófagos. Esta es una práctica que cobró fuerza con el mundo bizantino en el siglo IV. Los judíos envolvían sus cadáveres con telas o mantos. En ocasiones eran enterados en la tierra en donde se creía que «el polvo vuelve al polvo y el espíritu a Dios, que fue el que lo dio». Tal práctica la encontramos en los relatos de la resurrección de Lázaro y de Jesús. Consideremos que estas narrativas bíblicas se escribieron antes de que surgiera el debate de los sarcófagos, por lo que no pudieron haber sido pensadas para refutar lo que no sabían.

Además de lo anterior, el mundo judío no tenía interés en preservar a los cadáveres. Esta no es una práctica del judaísmo. Para ellos la persona murió y no hay nada más sobre su vida, como declara el libro de Eclesiastés. En el tiempo de Jesús las inscripciones se hacían en griego o arameo, que era el idioma social. Solamente los romanos de la época dominaban como su idioma oficial el latín. Así que si los sarcófagos tienen estas inscripciones, pertenecen a los romanos, no a los judíos.

Por otra parte, es cierto que la costumbre judía era mencionar el nombre del padre junto con el del hijo. Recordemos que el texto bíblico hace esto en muchas ocasiones, como por ejemplo cuando menciona a Simón, hijo de Jonás. Sin embargo, en el caso de Jesús tenemos un problema. Él nunca fue reconocido de manera pública como hijo de José. Jesús siempre fue visto como el hijo de María. Su relación maternal resultó tan impactante que aun los musulmanes lo reconocen como el hijo de María en su libro sagrado, el Corán.

Ante toda esta evidencia es indiscutible afirmar que son más los argumentos a favor de su muerte y resurrección que aquellos que establecen su muerte natural y su sepultura en un sarcófago.

### ¿QUÉ FACTORES SE COMBINARON PARA QUE EL CRISTIANISMO SE PROPAGARA POR EL MUNDO ROMANO?

El cristianismo se benefició de tres factores esenciales que contribuyeron a que su propagación alcanzara grandes proporciones. Estos tres factores fueron la expansión del Imperio Romano, la influencia del mundo griego y la estructura religiosa de la religión judía. Con la ayuda de estas vertientes el cristianismo se agigantó en su tiempo más de lo que hubiera podido lograr cualquier otra religión en el mundo.

La expansión del Imperio Romano logró que el cristianismo tuviera el camino de la comunicación abierto hacia el mundo entero. Poder moverse por el imperio era una opción única para los ciudadanos, de tal suerte que un hombre como Pablo pudo llegar hasta Europa y fundar iglesias en los diferentes lugares que visitó. Con el advenimiento de los emperadores Teodosio y Constantino, el cristianismo se solidificó en todo el imperio. El primero lo certificó como la religión oficial del Imperio Romano, y el segundo hizo avanzar múltiples programas en esa dirección. De esa forma, el cristianismo, después de muchas persecuciones, obstáculos y crisis, logró establecerse en el sitial más importante y encumbrado de la época.

El mundo griego le aportó al cristianismo su estructura cultural, en específico su lengua comercial. En el tiempo de Jesús no se hablaba hebreo en la sociedad. El mundo social de esa época hablaba arameo como un derivado del griego. Este lenguaje era el común desde el punto de vista social y comercial. Representaba el medio por el cual todas las personas podían comunicarse. El cristianismo original o primitivo se aprovechó de ello y algunos de sus documentos primarios fueron escritos en dicha lengua. Esto fue una alternativa real para las personas que vivían en ese tiempo, ya que podían leer los documentos cristianos sin necesidad de saber otra lengua. A la misma vez, fue una herramienta poderosa para entrar en los círculos de los gentiles, a quienes se les predicó de esa manera. De este modo, la iglesia primitiva gozó de la oportunidad de ampliar sus doctrinas a través de toda el Asia Menor y Europa.

Finalmente, el cristianismo se nutrió del judaísmo, ya que sus raíces se afianzan en esta religión. Jesús era judío. Sus enseñanzas y discursos están ubicados en los documentos y rollos pertenecientes a esa religión. La diferencia básica y principal entre los judíos y los cristianos del primer siglo fue

> El cristianismo se nutrió del judaísmo, ya que sus raíces se afianzan en esta religión.

la identificación de Jesús como el Mesías. Para muchos de los judíos de la época, Él era un profeta del momento, para los cristianos, el Salvador que murió y prometió regresar por los suyos. El cristianismo se escudó en el judaísmo debido a que esta era la única religión que tenía la autorización del Imperio Romano para celebrar sus actividades. Una vez descubiertos, pasan a ser víctimas del estado y se convierten en mártires de la iglesia.

Además, hay razones para que este movimiento religioso creciera que no están a nuestro alcance, ya que solamente Dios conoce la realidad.

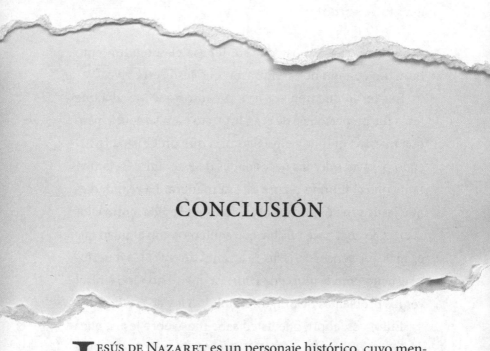

# CONCLUSIÓN

J ESÚS DE NAZARET es un personaje histórico, cuyo mensaje y obra han trascendido el tiempo, los movimientos sociales y las culturas. Su palabra continúa impactando vidas alrededor del mundo hoy.

Sin embargo, en los últimos años la imagen de Jesús ha sido atacada por diversas fuentes. Su existencia, muerte en la cruz y resurrección han sido puestas a prueba. La evidencia que se recopila de manera arbitraria se utiliza para lanzar dudas y sombras sobre lo que por mucho tiempo ha sido una realidad para los creyentes. No obstante, la verdad es que Jesús existe.

En este libro, la Biblia, la tradición cristiana y la historia se han unido en una sola línea para testificar sobre Jesús. Cada versículo bíblico que utilizamos nos brindó la realidad vivida cerca del Maestro. Los relatos históricos nos invitaron a esa paz que sobrepasa el entendimiento humano cuando nos aseguraron que Jesús está vivo.

Recuerdo que una vez leí a un autor que alegaba que Jesús fue un personaje de gran impacto para su época, pero que nuestro mundo exige algo más que un Cristo crucificado para atender las necesidades de este siglo. Es lamentable que el mundo piense de esa manera. La realidad es que Jesús venció muchos obstáculos en la vida, entre ellos la cruz, lo cual hace posible que contemos con alguien que es más que vencedor. Jesús se levantó de entre los muertos y resucitó para la gloria de Dios, ya que Él no vino a resolver los problemas de ningún siglo, sino los de la eternidad.

Entonces, ahora que usted sabe más sobre Jesús, haga como los discípulos: VAYA Y DÍGALES A OTROS QUE HA ENCONTRADO AL MESÍAS.

# BIBLIOGRAFÍA

Aguirre, Verónica. *El proceso de Cristo visto por un abogado*. CLIE.

Romano, David. *Antología del Talmud*. Plaza & Janes S. A.

Bammel, Ernest. *Jesus and the Politics of His Days*. Cambridge University Press. 1984.

Barrow, R. H. *Los romanos*. Fondo de Cultura Económica.

Brown, Raymond. *Introducción al Nuevo Testamento*. Trotta.

_____. *The Birth of the Messiah*. Doubleday.

Bruce, F. F. *New Testament History*. Doubleday.

Bultmann, R. *History of the Synoptic Tradition*. San Francisco Harper & Row Publishers. 1963.

Cohn, Haim. *The Trial and the Death of Jesus*. KTAV Publishing House Inc. 1977.

Crossan, John Dominic. *The Historical Jesus*. Harper Books.

_____. *Saying Parallel*. Harper Books.

Edersheim, Alfred. *The Life and Times of Jesus, the Messiah*. Hendrikson. 2000.

_____. *The Temple*. Kregel Publicatios. 1997.

Fitzmyer, Joseph A. *The Dead Sea Scrolls and Christian Origins*. Eerdmans Publishing. 2000.

Flavio, Josefo. *Antigüedades de los judíos*, CLIE, 2012.

Fromm, Eric. *Sobre la desobediencia*. Paidos. 1982.

González, Justo. *Historia del cristianismo I*. UNILIT. 1994.

Grower, Ralph. *Nuevo Manual de usos y costumbres de los tiempos bíblicos*. Portavoz.

Grant, Michael. *The Roman Emperors*. Barnes & Nobles. 1997.

Habermas, Gary R. *The Historical Jesust*. College Press. 1996.

Hanson, K. C. y Douglas E. Oakman. *Palestine in the Time of Jesus: Social Structures and Social Conflicts*. Fortress Press.

Hengel, Martin. *Crucifixion*. Fortress Press. 1977

Horsley, Richard A. y John S. Hanson. *Bandits, Prophets and Messiahs*. Trinity Press.

Jeremias, Joachim. *Jerusalén en tiempos de Jesús*. Ed. Cristiandad.

Johnson, Luke Timothy. *The Historical Figure of Jesus*. Harper Books.

Lawrence, John W. *The Six Trials of Jesus*. Kregel Publications.

Lüdemann, Gerd. *Jesus after 2000 Years*. Prometheus Book. 2001.

Mack, Burton L. *The Book of Q and Christian Origins*. Harper Books

MacArthur, John. *The Murder of Jesus*. World Publishing.

Maier, Paul L. *Pontius Pilate*. Kregel. 1996.

Nolan, Albert. *¿Quién es este hombre? Jesús antes del cristianismo*. Editorial Sal Terrace. 1981.

Penna, Romano. *Ambiente histórico-cultural de los orígenes del cristianismo*. Descleé de Brouwer. 1994.

Pregeant, Rusell. *Engaging the New Testament*. Fortress Press.

Sanders, E. P. *The Historical Figure of Jesus*. Penguin Books.

Stambaugh, John E. y David L. Balch. *El Nuevo Testamento en su entorno social*. Desclée de Brouwer. 1993.

Strobel, Lee. *The Case of Christ*. Zondervan. 1998.

Thomas Gordon. *The Jesus Conspiracy*. Baker Books. 2000.

Vermes, Geza. *Jesús el judío*. Muchnik. 1994.

Vielhauer, Philipp. *Historia de la literatura cristiana primitiva*. Sígueme.

Wampler Dee. *The Trial of Christ*. Wine Press. 2000.

# ACERCA DEL AUTOR

**Magdiel Narváez** es un conferenciante, profesor y abogado puertorriqueño. Posee varios títulos universitarios entre ellos un Juris Doctor de la Facultad de Derecho de la Universidad Interamericana de Puerto Rico y una Maestría en Derecho con créditos doctorales de la Universidad Complutense de Madrid. Es un galardonado escritor a nivel nacional e internacional. Dirige desde 1996 un ministerio evangelístico y educativo llamado "El Galileo" el cual lo ha llevado a darle la vuelta al mundo. Tan es así, que el gobierno de Israel lo nombró Embajador de Buena Voluntad. Narváez reside en Guaynabo, Puerto Rico junto a su esposa Zahira Díaz.

Para contactar al autor visite los siguientes enlaces:
Website - http://www.elgalileo.org/
Facebook - https://www.facebook.com/galileopr
Email - elgalileopr@gmail.com

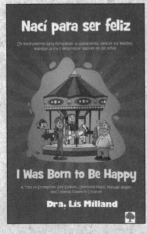

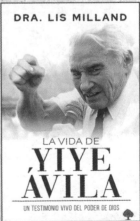

Te invitamos a que visites nuestra página web, donde podrás apreciar la pasión por la publicación de libros y Biblias:

## www.casacreacion.com

f  @CASACREACION

🐦 @CASACREACION

📷 @CASACREACION

*Para vivir la Palabra*